Ayca Riedinger

Kreatives Gestalten mit Ton

Töpfern ohne Scheibe
Aufbaukeramik

Inhalt

Vorwort	7
Kleine Geschichte der Keramik	8

Grundwissen — 10

Was ist Ton? — 12
- Die Entstehung — 12
- Sechs Arten der Keramik — 12

Eigenschaften und Verarbeitung — 13
- Die Plastizität des Tons — 13
- Ton ansetzen — 13
- Fette und magere Tone — 13
- Die Tonbeschaffung — 14
- Der Arbeitsplatz — 14
- Die Werkzeuge — 14
- Ton schlagen und kneten — 15
- Die Aufbewahrung — 16
- Die Wiederverwendung von Tonresten — 16
- Das Trocknen und Schwinden — 16
- Risse und Bruchstellen ausbessern — 16

Das Brennen — 17
- Roh-, Schrüh- oder Schmauchbrand — 17
- Öffnen und Ausräumen des Ofens — 17
- Glasur- oder Glattbrand — 17

Oberflächengestaltung — 18

Farbige Dekore — 20
- Glasuren — 20
- Fritten — 22
- Engoben — 22
- Braunstein — 24

Plastische Dekore — 25
- Die Ritztechnik — 25
- Der Kerbschnitt — 25
- Die Stempel- und Knibistechnik — 25
- Das Rollsiegel — 26
- Die Durchbruchkeramik — 26
- Die Spitzenstruktur — 27

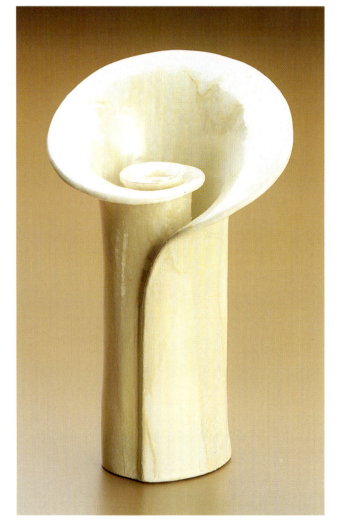

Inhalt 5

Aufbautechniken — 28
Die Daumentechnik — 30
Die Wulsttechnik — 31
Hinweise zum Gefäßaufbau — 31
Ein Gefäß entsteht — 32
Ausladende Form — 33
Sich verjüngende Form — 33
Die additive Aufbautechnik — 34
Allgemeine Regeln für den Gefäßabschluß — 34
Das Schneckenhaus — 35

Die Stegtechnik — 36
Formpläne für die Stegtechnik — 36
Ein Gefäß entsteht — 37

Aufbautechniken: Galerie — 38

Krüge und Kannen — 39
Die Schnaupe — 39
Die Tülle — 40
Der Henkel — 42
Der Deckel — 43

Plattentechniken — 44
Tonplatten herstellen — 46
Platten walzen — 46
Platten schneiden — 47
Mehrfarbige Platten — 47

Röhren- und Kastengefäße — 50
Zylindrische Vase mit Blattmotiv — 50
Flügelvase — 52
Kräutergarten — 53
Rosenvase — 54
Kastengefäß mit »Applikation« — 56

Plattentechniken: Galerie — 58

Deckelgefäße — 59
Deckelvariationen — 59
Hühnerdose — 60

Kugelgefäße — 62
Das Ein- und Überformen — 62
Kugelvase mit floralem Motiv — 62
Überformte Schale mit Fuß — 64
Schale mit Durchbruchmuster — 65
Vogelschale und Vogelkrug — 66
Käseglocke mit Maus — 67

Ideen für die Wand — 69
Reliefs — 70
Relieftechniken — 70
Flachrelief – ein Nilpferd — 70
Kombiniertes Hoch-Flach-Relief — 72

Nützlich und dekorativ — 73
Max und Moritz – ein Utensilo — 73
Dekorative Seifenschale — 74
Haken für Küche und Bad:
  Blüten, Fische, Schmetterlinge — 75

Reliefs: Galerie — 76

Glossar — 78

Antikes Terrakottagefäß in Gestalt eines Pferdes. Höhe 13,5 cm, Länge 17 cm, sizilisch, 5. Jahrhundert v. Chr.; Schimmel Collection New York.

Wandrelief; mit Oxiden eingefärbt. Höhe 28 cm, Breite 32 cm. Ayca Riedinger, 1986.

Vorwort

Beim Töpfern begegnen Sie einer der ältesten und ursprünglichsten Betätigungen des Menschen.
Wer nach Möglichkeiten kreativen Gestaltens sucht, findet hier ein weites Feld zur Entwicklung und Entfaltung seiner schöpferischen Anlagen. Dieses Buch soll Ihnen helfen, das faszinierende Metier dieses uralten Kunsthandwerks für sich selbst zu entdecken.

Die vier Grundelemente Erde (Ton, Lehm), Wasser, Luft und Feuer sind es, die beim Töpfern eine nicht wegzudenkende Rolle spielen.
Die Erde – der Ton oder Lehm – ist das Urmaterial.
Ohne Wasser ist Ton nicht bildsam und formbar.
Das Trocknen des in Ton Gestalteten an der Luft ist Voraussetzung für das sich daran anschließende Brennen.
Erst durch das Brennen – also durch das feurige Element – gewinnt der aus Ton geformte Gegenstand seine endgültige und dauerhafte Gestalt.
Die vielfältigen Oberflächengestaltungen verleihen jedem keramischen Gegenstand einen individuellen Ausdruck. Um die Oberfläche einer Keramik zu gestalten, gibt es eine Fülle von Dekortechniken, die leicht zu erlernen und mit einfachen Werkzeugen auszuführen sind.

Dieses Buch macht Sie mit den wichtigsten Arbeitstechniken vertraut und zeigt Ihnen Schritt für Schritt anhand von Bildern den Aufbau verschiedener Schalen, Vasen, Deckelgefäße und Reliefs. Darüber hinaus erhalten Sie eine Vielzahl von Anregungen für Ihr persönliches Gestalten mit Ton. Das Repertoire umfaßt Nützliches und Schönes zu allerlei Anlässen – zusammengestellt zu Ihrer eigenen Freude, zum Verschenken an Freunde und Verwandte. Ziel meines Buches ist es, Ihnen dieses schöne und schöpferische Kunsthandwerk nahezubringen. So werden Sie der Töpferei eines Tages vielleicht die gleiche Wertschätzung entgegenbringen wie Kaiser Augustus, der im alten Rom Keramikgefäße mit Gold aufgewogen haben soll.

Für meine Mutter

Kleine Geschichte der Keramik

Bereits in vorgeschichtlicher Zeit verstand es der Mensch, sich die Eigenschaften des Tons für seine Bedürfnisse nutzbar zu machen. Gräberfunde und Ausgrabungen längst vergangener Kulturen zeugen davon, daß der Töpferei in fast allen Ländern der Erde ein hoher Stellenwert beigemessen wurde.

Die Entwicklung dieses Kunsthandwerks verlief im Orient, in Afrika, Amerika und bei den Völkern des Mittelmeeres weitgehend unabhängig voneinander. Assyrer, Perser, Babylonier und Ägypter verstanden sich auf die Töpferkunst, die Griechen jedoch führten dieses Kunsthandwerk zur Perfektion.

Das Wort »Keramik« ist übrigens griechischen Ursprungs. Fünf griechische Wörter aus dem entsprechenden Wortfeld belegen das:

Kerammeikos = Töpferviertel in Athen
Kerameus   = Töpfer
Kerameia   = Töpferkunst
Keramos   = Tonerzeugnis
Keramion   = Irdenes Gefäß

Die Verwendung des Tons als formbares Material ist keine Erfindung des Menschen. Vielmehr fand er Beispiele dafür in der Natur vor. So bauen beispielsweise Töpfervögel und Lehmwespen (Pillenwespen) ihre Nester aus oder mit Ton.

Die Frage, wann der Mensch zur Erkenntnis der Brennfähigkeit des Tons gelangte, ist wohl nur hypothetisch zu beantworten. Alle Vermutungen hierzu sind sicher richtig, denn in den verschiedensten Gegenden der Erde und zu den unterschiedlichsten Zeiten nutzte der Mensch den Ton, die Tonerde.

In Gönnersdorf bei Neuwied fanden Archäologen im Innern von Behausungen aus der Zeit um 1050 vor Christus Kochgruben. Die Menschen füllten damals ihre Gruben mit Wasser und dem Kochgut. Dann warfen sie im Feuer erhitzte Geröllsteine in das Wasser, bis es kochte. Über Jahrhunderte und Jahrtausende wurde dieses Verfahren praktiziert, bis die Menschen entdeckten, daß der Ton in der Nähe des Kochfeuers zu Klumpen brannte.

Der Töpfervogel (Gattung Furnarius) lebt in Süd- und Mittelamerika. Hier ist Furnarius rufus auf seinem Lehmnest zu sehen. Seine Besonderheit: Wo immer er einen Pfosten, einen Pfahl oder ein paar Äste entdeckt, mauert er sein weithin sichtbares, widerstandsfähiges Nest aus Lehm, das fast die Größe eines Fußballs erreicht.

Für ihre Brut errichtet die Lehmwespe (Eumenes coarctatus) auf Steinen, Zweigen oder Brettern 12 bis 15 mm lange Nester aus Lehmklumpen. Hier trägt ein Weibchen das durch Stiche gelähmte Beutetier ein.

Diese zufällige Entdeckung führte in verschiedenen Zeiten und Erdregionen zu stets neuer Erfindung der Töpferei, und zwar lange bevor die Menschen Metalle nutzten.

Die Entwicklung ging also vom stationären Topf »Erdgrube« über den mobilen irdenen Topf bis zur heutigen Vielfalt der Keramik. Selbst die Industrie profitiert von den Eigenschaften des Tons.

Die Entdeckung der Keramik

Gefäß aus gebranntem Ton, Jungsteinzeit, Ende 6. Jahrtausend v. Chr.
Historisches Landesmuseum, Wraza, Bulgarien.

Grundwissen

Um mit Ton arbeiten zu können, ihn zu begreifen oder im wahrsten Sinn des Wortes »in den Griff zu bekommen«, ist es unerläßlich, das Wesentliche über die Technik des Formens, Trocknens und Brennens sowie der Oberflächengestaltung zu wissen. Ohne theoretische Kenntnisse und ohne praktische Erfahrungen erlebt der Anfänger oft herbe Enttäuschungen.
Es ist daher, wie bei allen handwerklichen Tätigkeiten, unumgänglich, sich schrittweise in die Materie einzuarbeiten. Durch bewußtes, spielerisches und experimentelles Hantieren mit dem bildsamen Material Ton lassen sich seine Eigenschaften, seine Belastbarkeit und Grenzen erkunden.

Was ist Ton?

Die Entstehung

Ton ist ein Verwitterungsprodukt feldspathaltiger Sedimentgesteine, Tiefen- und Eruptionsgesteine wie beispielsweise Basalt, Granit, Gneis, Quarz, Porphyr und Syenit. Es handelt sich also um ein Gemenge von Tonmineralien. Bei der Tonentstehung wird generell zwischen drei Arten der Verwitterung unterschieden, nämlich der mechanischen, chemischen und organischen. Die mechanische Verwitterung wird ausgelöst durch starke Temperaturwechsel, also durch den krassen Wechsel zwischen Hitze und Kälte sowie durch Wind und Wasser.
Oxidationsvorgänge und das Einwirken von Humussäuren, Laugen und Gasen sind verantwortlich für die chemische Verwitterung. Fäulnis- und Zersetzungsprozesse, ausgelöst durch Bakterien und Spaltpilze, spielen bei der organischen Verwitterung die Hauptrolle.
Ton gewinnt man sowohl im Tage- als auch im Untertagebau. Man findet ihn jedoch in den seltensten Fällen an den Stellen seiner Entstehung. Durch natürliche Schwemmvorgänge und den Einfluß von Wind und Wasser wird er »vertragen«. Auf dem Weg zur jeweiligen Lagerstätte nimmt er zahlreiche andere Materialien wie Holz, Bein, Sand und so weiter auf. Diese teilweise als Verunreinigungen bezeichneten Begleitstoffe sind die organischen Substanzen. Als anorganische Substanzen kommen häufig färbende Oxide wie Eisen, Mangan, Rutil und Titan vor.
Alle Beimengungen haben sowohl Einfluß auf das Aussehen als auch auf die Eigenschaften der Tone.
Ein durch Sand, Eisen und Kalk stark verunreinigtes Tonmineralgemenge ist der Lehm. Er wird hauptsächlich als Rohstoff zur Herstellung von Ziegelsteinen, Dachziegeln und Fußbodenplatten verwendet. Aus Lehm hergestellte Produkte sind fast immer unglasiert und niedrig gebrannt (bei Temperaturen zwischen 800 und 1000 Grad Celsius). Tonerde, Kieselsäure und Wasser bilden die Hauptbestandteile des Tons.

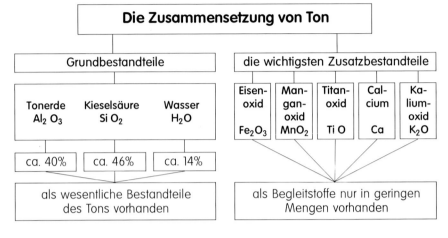

Sechs Arten der Keramik

Es werden hauptsächlich sechs Arten der Keramik unterschieden. Ein sehr wichtiges Unterscheidungsmerkmal ist die Temperatur, mit welcher der Ton gebrannt wird. Weitere Merkmale für die Unterscheidung der sechs Keramikarten zeigt die Übersicht:

Irdenware
Scherben: porös, rauh, wasserdurchlässig, hell bis dunkel (Ocker, Rot, Braun, Schwarz)
Brennbereich: 800–1100° C
Verwendungsform: Geschirr, Blumentöpfe und anderes, gewöhnliche Töpferei, glasiert oder unglasiert

Terrakotta
(italienische gebrannte Erde)
Scherben: porös, unglasiert, rot bis rotbraun
Brennbereich: 800–1000° C
Verwendungsform: Kleinplastiken, Brenntöpfe, Römertöpfe, Wasserverdunster und anderes

Fayencen
Scherben: immer rot und überzogen mit einer weißdeckenden Zinnglasur, meist bemalt
Brennbereich: 900–1180° C
Verwendungsform: Geschirr und Gebrauchsgegenstände, Kunstkeramik, Wand- und Bodenfliesen

Steingut
Scherben: meist härter als Irdenware, gelblichweiß, glasiert oder unglasiert
Brennbereich: 1000–1100° C
Verwendungsform: Kunstkeramik, Gebrauchsgeschirr, Wandplatten, Bodenfliesen, Sanitärkeramik und anderes

Steinzeug
Es handelt sich um Sinterware. Dies bedeutet, daß der Scherben dicht gebrannt (gesintert) ist.
Scherben: von Weiß über Beige, Rosa, Ziegelrot, Braun bis Schwarz

Feinsteinzeug
Scherben: dicht gesintert, glasiert oder unglasiert
Brennbereich: 1180–1300° C
Verwendungsform: Gebrauchsgeschirr, Elektrosteinzeug und anderes

Grobsteinzeug
Scherben: dicht gesintert, glasiert oder unglasiert
Brennbereich: 1180–1300° C
Verwendungsform: Klinker, Fußbodenplatten, Wandplatten, Bodenrohre, Säurebehälter, Sanitärkeramik und anderes

Porzellan
Scherben: glasiert oder unglasiert, weiß, dicht gesintert
Brennbereich: 1300–1480° C
Verwendungsform: Gebrauchsgeschirr, Kunst- und Zierkeramik, elektrotechnisches Porzellan, Laborporzellan und anderes

Eigenschaften und Verarbeitung

Die Plastizität des Tons

Eine der wichtigsten Eigenschaften des Tons im Hinblick auf seine Be- und Verarbeitung ist seine Plastizität oder Bildsamkeit. Ton läßt sich in feuchtem Zustand beliebig formen und verformen. Die Plastizität des Tons ist sehr wesentlich von seinem Wassergehalt (Anmachwassermenge) abhängig. Tone bestehen hauptsächlich aus kleinen, plättchenförmigen Teilchen. Diese liegen wie Karten aufeinander und sind durch einen Wasserfilm voneinander getrennt. Dennoch lassen sich die Plättchen – bedingt durch den sie umgebenden Wasserfilm – gegeneinander verschieben. Andererseits werden die Plättchen durch die kapillaren und elektrischen Kräfte des Wassers so fest aneinander gebunden, daß der Zusammenhalt, also die innere Struktur der Teilchen, nicht verlorengeht.
Die Quellfähigkeit der einzelnen Tonminerale – plastische und unplastische Substanzen – die jeweilige Korngröße und der Wassergehalt (Anmachwassermenge) beeinflussen die Plastizität der Tone.

Ton ansetzen

Modellier- oder Aufbauton können Sie sich selbst herstellen. Hierzu benötigen Sie Tonmehl, Schamottegries (Magerungsmittel) und Wasser.
Zuerst mischen Sie das Tonmehl mit dem Schamottegries. Für das Einstreuen (Einsumpfen) des Tonpulvers ist ein Anmachwasser von 20–30% des Trockengewichts erforderlich – je nach Quellfähigkeit des Tonpulvers. Nach dem gründlichen Durchziehen (Mauken) von ein bis zwei Tagen müssen Sie die Masse durcharbeiten.
Sollte der Ton zu feucht oder klebrig sein, streichen Sie die Masse auf 2–4 cm dicke Gipsplatten, poröse Schamotteplatten oder Ziegelsteine. Da diese Platten dem Ton die überschüssige Feuchtigkeit entziehen, wenden Sie die Tonmasse, sobald sie sich abheben läßt.
Achten Sie darauf, daß sich in der Tonmasse keine Gips- oder Ziegelsteinkrümel befinden, da sie später zum Abplatzen der Glasur vom Scherben führen.
Den Drehton bereiten Sie auf die gleiche Weise vor, jedoch ohne den Zusatz von Magerungsmittel.

Fette und magere Tone

Bezogen auf die formbaren Massen unterscheiden wir zwischen fetten und mageren Tonen. Die Bezeichnung fett oder mager bezieht sich in diesem Zusammenhang nur auf das Aussehen.

Fette Tone
Oberfläche: glatt, feinkörnig, speckigglänzend
Merkmale: hochplastisch und bildsam
Eigenschaften: starke Schwindung, deshalb Gefahr der Rissebildung beim Trocknen und Brennen; im plastischen Zustand gutes Bindevermögen – kann deshalb mit unplastischen Magerungsmitteln gemischt, also gemagert werden.
Verwendungszweck: als Freidrehmasse sowie für die maschinelle Formgebung wie Eindrehen – Überdrehen, Stanzen und Pressen geeignet.

Magere Tone
Oberfläche: stumpf, grobkörnig und rauh
Merkmale: weniger plastisch und bildsam
Eigenschaften: geringere Schwindung beim Trocknen und Brennen; verringerte Gefahr des Reißens.

Verwendungszweck: als Aufbau- und Modelliermasse geeignet, verwendbar zum Einformen von Kacheln; bedingt für maschinelle Formgebung geeignet.

Um bei allzu fetten Tonen die negativen Folgen des Reißens und Verziehens beim Trocknen und Brennen zu verringern oder um eine grobkörnige, rauhe Oberflächenstruktur zu erzielen, kann die Tonmasse durch entsprechende Zusätze gemagert werden.
Wir unterscheiden zwischen organischen Magerungsmitteln (zum Beispiel Sägemehl, Häcksel, Torf, Kohlepulver, Kleie) und anorganischen Magerungsmitteln (zum Beispiel Schamottemehl oder Schamottegries, Ziegelmehl).
Die organischen Magerungsmittel (Beimengstoffe) verbrennen beim späteren Brand und hinterlassen dadurch Hohlräume, die den Tonscherben porös machen. Das Verhalten der anorganischen Magerungsmittel beim Trocknen und Brennen ist dagegen dem des Tons ähnlich. Sie verändern ihr Volumen nicht. Dies bewirkt, daß der Scherben weniger schwindet und weniger porös ist. Aus diesem Grund wird Schamotte als häufigstes Magerungsmittel verwendet.
Schamotte ist gemahlener gebrannter Ton, der in verschiedenen Körnungen von 0,5–5,0 mm im Handel erhältlich ist. Je gröber die Schamotte ist, desto rauher ist die Struktur. Der Beimenganteil kann bis maximal 50% betragen.
Wird Schamottemehl einer bereits plastischen, fetten Tonmasse durch Einkneten beigemischt, muß es zuvor in Wasser gesättigt werden, da es sonst der Tonmasse zuviel Feuchtigkeit entzieht.

Die Tonbeschaffung

Für Ihre Arbeiten verwenden Sie am besten einen gebrauchsfertigen Ton. Der Fachhandel bietet zahlreiche Sorten an. Diese Tone unterscheiden sich hinsichtlich ihrer Plastizität und ihrer Färbung. So wird, was die Formbarkeit oder Bildsamkeit betrifft, zwischen Aufbau-, Modellier-, Dreh- und Gießmasse unterschieden. Hierbei bestimmt der Beimengenanteil und seine Korngröße auch die Art der Oberfläche des Scherbens – rauh oder glatt, fein- oder grobkörnig.
Die Färbung der Tone reicht von Weiß über Beige, Korkfarben oder Ziegelrot bis Rotbraun oder Schwarz. Diese Massen sind nur bedingt nebeneinander verwendbar, da die Tone verschiedener Färbung meist unterschiedliche Schwindung aufweisen (vergleiche auch Seite 47–49).
Die Tonmassen sind als plastische, formbare Masse (in 10- oder 20-kg-Paketen luftdicht in Plastikfolie verpackt) im Fachhandel oder in einer Töpferei erhältlich. In der Regel lohnt es sich nicht, Ton aus Rohmaterial selbst herzustellen.

Der Arbeitsplatz

Der Arbeitsplatz kann fast überall installiert werden, solange Sie einige Grundsätze beachten und sich an eine saubere Arbeitsweise gewöhnen. Ton ist nichts Schmutziges! Als Arbeitsunterlage eignet sich ein glattes Holzbrett (Spanplatte). Der Ton klebt hier nicht so leicht wie auf einer Kunststoffunterlage. Hervorragend arbeitet es sich auf einem mit glattem Stoff bespannten Brett. Dieser Stoff kann mit einem Schwamm leicht angefeuchtet werden. Ebenso empfiehlt es sich, ein angefeuchtetes Tuch über den zu verarbeitenden Ton zu legen, da er durch die Luft an der Oberfläche rasch trocknet.
Auch durch die Wärme der Hand trocknet der Ton beim Verarbeiten schnell aus und hinterläßt auf der Haut und dem Arbeitsplatz Staub und Krümel. Ein grobporiger Schwamm in einer mit Wasser gefüllten Schale sollte deshalb an Ihrem Arbeitsplatz nie fehlen. Ein ständiges Anfeuchten der Hände hilft, Ihren Arbeitsplatz möglichst staub- und krümelfrei zu halten und verhindert lästige Tonkrusten an den Händen.

Die Werkzeuge

Die Hand ist beim Formen mit Ton das beste Werkzeug. Sie betätigt sich spontan und von innen heraus. Sie »begreift« im wahrsten Sinne des Wortes das Material und die Plastizität, spürt und fühlt sie. Durch Drücken, Pressen, Schlagen, Rollen, Klopfen formt und gestaltet sie. Alle weiteren, unten aufgeführten Werkzeuge ergänzen, je nach Bedarf, die Möglichkeiten der Hand.

- Teigschaber aus biegsamem Kunststoff
- Löffel aus Holz oder Metall
- Klopfholz oder Klopfleiste
- spitzes Küchenmesser
- Gabel
- Schneidedraht oder Perlonschnur
- Schwamm
- Modellierinstrument
- Modellierschlinge
- Borstenpinsel
- Teigwalze
- Ränderscheibe

Der Arbeitsplatz und die wichtigsten Werkzeuge eines (Hobby-)Töpfers. Die drehbare Ränderscheibe ist sehr hilfreich: Ihr Werkstück steht erhöht unf läßt sich schnell mal von verschiedenen Seiten betrachten.

Ton schlagen und kneten

Häufigste Ursache von Rissen, Bruch und mißlungenen Werkstücken sind Lufteinschlüsse und Inhomogenität der Tonmasse. Durch Erwärmung beim Brennen dehnt sich die im Ton eingeschlossene Luft aus und sprengt somit das Produkt.

Unterschiedliche Homogenität innerhalb der Tonmasse hat eine unterschiedliche Schwindung zur Folge. Es kommt beim Trocknen und Brennen zu Spannungen, die zur Rissebildung führen.

Um Lufteinschlüsse, Inhomogenitäten und eventuell zuviel Feuchtigkeit, die zu den genannten Fehlern beim Trocknen und Brennen führen, zu eliminieren, muß der Ton vor der Bearbeitung auf einem Holzbrett geschlagen oder kräftig geknetet werden.

Das Durcharbeiten wie Kneten von Brotteig ist noch die einfachste Methode. Auch das Spiralkneten wird häufig praktiziert, wobei ein Tonklumpen mit dem rechten Handballen von der Mitte aus spiralförmig nach außen durchgewalkt wird, während die linke Hand in kreisender Bewegung den Tonbatzen führt. Eine andere Methode ist das feste Aufwerfen oder kräftige Aufschlagen des Tons auf seine Kanten (nicht Flächen).

Beim Tonschlagen rillen Sie einen quaderförmigen Tonbatzen auf seiner oberen Fläche mit den Fingerspitzen ein. Von seiner Unterseite her teilen Sie ihn in der Mitte mit einem dünnen Blumendraht oder einer Perlonschnur in zwei Hälften. Dann schlagen Sie diese beiden Hälften kräftig zusammen, wobei Sie darauf achten müssen, daß die beiden Rillenflächen aufeinanderliegen. Diesen Vorgang (Einrillen, Teilen, Aufeinanderschlagen) müssen Sie so oft wiederholen, bis die Schnittfläche des Tonbatzens weder Schichtungen noch Luftblasen oder Unebenheiten aufweist.

1 Tonbatzen mit den Fingerspitzen einrillen

2 Tonbatzen mit Blumendraht oder Perlonschnur von unten nach oben halbieren

3 Beide Hälften werden so aufeinandergeschlagen,...

4 ... daß die gerillten Flächen genau übereinanderliegen.

Der Ton wird mit den Kanten aufgeschlagen, um Lufteinschlüsse herauszubringen. Nur dann darf man ihn verarbeiten.

Die Aufbewahrung

Ton soll möglichst kühl und feucht gelagert werden. Kleinere Mengen können problemlos in Plastiktüten oder -folien luftdicht verpackt werden. Für größere Mengen eignen sich möglichst dicht verschließbare Plastikeimer, -behälter und -wannen. Vor dem Verschließen mit dem Deckel ist es sinnvoll, eine der Behälteröffnung entsprechende 2–4 cm dicke, gut durchgefeuchtete Schaumstoffplatte aufzulegen, die nach Bedarf nachgefeuchtet werden soll. Bei angefeuchteten Tüchern und Lappen besteht die Gefahr des Faulens.

Die Wiederverwendung von Tonresten

Völlig ausgetrocknetes Material wird mit dem Hammer zerkleinert und im Verhältnis 3:1, wie auf Seite 13 beschrieben, in Wasser eingestreut und weiterverarbeitet. Noch nicht völlig ausgetrocknete Tonreste werden zu Klumpen gestaucht, mit dem Schneidedraht in 1–2 cm dicke Scheiben geschnitten und so lange in feuchte Lappen oder Schwammtücher eingepackt, bis die Masse wieder formbar ist.
Verschiedenfarbige Tone sind untereinander mischbar. Auf absolute Homogenität der neuen Masse ist zu achten, da es sonst bereits beim Trocknen zu Rissebildung kommen kann. Zu fette Tone können durch Zusätze (siehe Seite 13) gemagert werden.

Das Trocknen und Schwinden

Beim Trocknen verringert die plastische Masse ihr Volumen um etwa 3–10%, fetter Ton sogar bis zu 15%. Das Wasser entweicht, die Tonteilchen rücken näher zusammen, die Gegenstände werden kleiner. Auf jeden Fall muß das Trocknen langsam und gleichmäßig geschehen. Um Risse und nicht beabsichtigte Veränderungen zu vermeiden, müssen die Gefäße, Reliefs und Objekte unter-

schiedlich getrocknet werden. Die Dauer des Trocknens hängt von verschiedenen Faktoren ab, nämlich von der Raumtemperatur und der Luftfeuchtigkeit; der Art der verformten Tonmasse (fett oder mager); der Größe, Form und Art des keramischen Gegenstands.
Gefäße trocknen von oben nach unten. Deshalb stellen Sie sie am besten auf auseinanderliegende Holzleisten, die Sie von Zeit zu Zeit verschieben. Wenn möglich, drehen Sie die Gefäße öfter um, da die Feuchtigkeit nach unten zieht. In der 1. Phase des Trocknens, bis zum lederharten Zustand, soll das Gefäß locker mit Plastikfolie abgedeckt werden. Bis zum völligen Austrocknen müssen Sie abstehende Formen wie Henkel, Tüllen und Ränder zusätzlich mit Zeitungspapier abdecken.
Platten, Reliefs und flächige Objekte neigen beim Trocknen besonders leicht zur Rissebildung. Um ein Hochwölben, Verziehen und Einreißen der zuerst trocknenden Ränder und Kanten zu vermeiden, legen Sie angefeuchtete Zeitungsrollen oder Tücher um die kritischen Stellen herum. Ein Beschweren der Plattenecken, Ränder und Kanten mit nicht allzu schweren Holzleisten ist zu empfehlen.
Die Trockenzeit liegt bei dünnwandigen Gefäßen und Objekten bei etwa einer Woche, während Plattenreliefs je nach Tonstärke und Art etwa 2–4 Wochen benötigen.
Um die genaue Schwindung ihres Tons festzustellen, fertigen Sie aus der jeweiligen Masse drei Probeplättchen mit einer Länge von 12 cm, einer Breite von 5 cm und etwa 1 cm Tonstärke. In alle 3 Plättchen werden eine oder zwei Linien von 10 cm Länge eingeritzt.
Nach völligem Austrocknen der Plättchen läßt sich die Trockenschwindung messen.
Bei Probeplättchen 2 und 3 kann durch anschließendes Brennen im Schrüh- und Glattbrand die jeweilige Schwindungsdifferenz errechnet werden. Trockenschwindung und Brennschwindung ergeben zusammen die Gesamtschwindung.

Risse und Bruchstellen ausbessern

Das Ausbessern von Rissen und Bruchstellen vor dem Brand ist nur bedingt möglich, weil durch das stellenweise Befeuchten erneut Spannungen entstehen, die manchmal zu weiterer Rissebildung führen können.
Durchgehende Risse lassen sich nur äußerlich mit Schlicker (Ton mit Wasser verrührt) »verschmieren«.
Bei dem zu reparierenden Teil ist gleichmäßiger Trockenheitsgrad Voraussetzung. Bruchstellen und -flächen sind möglichst so aufzustellen, daß nach dem Reparieren das Eigengewicht des Werkstücks auf die Bruchstelle drückt.
An den Bruchstellen tragen Sie mit einem Haarpinsel tropfenweise so lange Wasser auf, bis der Scherben um die Bruchstelle herum 3–5 mm breit durchfeuchtet ist. Jetzt wird sehr dünnflüssiger Schlicker der gleichen Tonqualität (fett oder mager) mit dem Pinsel auf die Bruchstelle aufgetragen. Die mit Schlicker bestrichenen Teile werden vorsichtig, aber fest aufeinandergepreßt, bis der überschüssige Schlicker herausquillt, der erst wieder nach dem Trocknen abgeschabt wird.
Dem Tonschlicker kann zur besseren »Verklebung« bis zu 10% Engobe der jeweiligen Tonfarbe oder 10% eines zu Staub zerdrückten Segerkegels mit höherer Brennstufe beigemischt werden. (Brenntemperatur 1000 °C – Segerkegel 1020 °C; Brenntemperatur 1020 °C – Segerkegel 1040 °C und so weiter.)
Für die Reparatur von Rissen und Bruchstellen nach dem Brand eignet sich hervorragend Stein- und Marmorkitt, der klebt und gegebenenfalls auch füllt. Er wird im Handel in flüssiger, in zähflüssiger Form und als Spachtelmasse angeboten. Mit färbenden Oxiden oder Dispersionsfarben läßt sich der Steinkitt der jeweiligen Glasurfarbe anpassen. Nach völligem Aushärten kann der Kitt geraspelt, gefeilt und mit Sandpapier völlig glatt geschliffen werden, so wie man Holz verarbeitet.

Das Brennen

Erst durch das Brennen wird der Arbeitsprozeß abgeschlossen. Der gestaltete Ton erhält jetzt seine endgültige, dauerhafte Form. Dabei findet eine Umwandlung der inneren (chemisch und physikalisch gesehen) als auch der äußeren Struktur (Farbe, Festigkeit, Größe) statt. Aus dem luftgetrockneten Ton wird ein fester, wasserunlöslicher Scherben.

Das zuvor spröde, zerbrechliche Werkstück ist nach dem Rohbrand beim Dekorieren und Glasieren leicht zu handhaben und kann von der nassen Glasur nicht mehr aufgeweicht werden. Wir unterscheiden zwischen dem **Roh-, Schrüh- oder Schmauchbrand** (1. Brand) und dem **Glasur- oder Glattbrand** (2. Brand).

Roh-, Schrüh- oder Schmauchbrand

Sobald die Werkstücke lufttrocken sind (das mechanisch gebundene Wasser ist verdunstet), können sie gebrannt werden. Der Rohbrand wird in drei Stufen eingeteilt (ab 800–950 °C).

Schmauchstufe

Diese 1. Stufe geht bis etwa 300 °C. Der Ofen wird etwa 60–90 Minuten lang sehr langsam auf 120–150 °C bei geöffneten Ofen- und Luftklappen hochgeheizt. Es entweicht das physikalisch gebundene Wasser. Bis 300 °C bei geöffneten Ofenklappen weitere 2 Stunden tempern. Dabei entweicht teilweise das chemisch gebundene Wasser (Kapillarwasser).

Umwandlungsstufe

Diese 2. Stufe geht bis etwa 600 °C. Abgabe des chemisch gebundenen Wassers (Kapillarwasser), Verbrennung der organischen Beimengungen und Substanzen. Dadurch entstehen in den Werkstücken Hohlräume, die eine starke Porosität verursachen. Bei etwa 550 °C Quarzumwandlung (Quarzsprung). Weil dabei Gase freiwerden und entweichen, bleiben die Ofenklappen bis 600 °C weiterhin geöffnet.

Endstufe

Diese 3. Stufe geht bis etwa 950 °C. Die Ofenklappen werden geschlossen. Das organisch und chemisch gebundene Wasser ist völlig entwichen. Die entstehenden Hohlräume werden von den Tonteilchen aufgefüllt – sie rücken näher zusammen, der Scherben wird zunehmend dichter. Die Brennschwindung hat begonnen und liegt je nach Zusammensetzung des Rohstoffs zwischen 5 und 15%, meist jedoch zwischen 6 und 10%.

Bei etwa 850–950 °C ist der Schrüh- oder Rohbrand beendet. Der Ton ist hart und zum Scherben erstarrt, und trotzdem ist der gebrannte, aber unglasierte Scherben noch porös und teilweise wasserdurchlässig.

Diese Eigenschaft wirkt sich positiv beim anschließenden Glasieren aus, da durch die Saugkraft des Scherbens die festen Teilchen des Glasurschlammes an die Scherbenoberfläche gebunden werden.

Erst ab 1000–1050 °C nimmt der Scherben an Dichte zu, er sintert und nimmt kaum noch Feuchtigkeit auf.

Ob ein Scherben noch Feuchtigkeit aufnimmt, können Sie ganz einfach prüfen. Drücken Sie dazu Ihre Zunge oder einen angefeuchteten Finger an die Scherbenoberfläche. Ist die Oberfläche glänzend naß, bedeutet das einen dichten Scherben.

Öffnen und Ausräumen des Ofens

Das Abkühlen des Ofens richtet sich nach der Menge des Brennguts. Ein dichtbestückter Ofen läßt die Temperatur nur langsam absinken. Ist die Temperatur auf 200° C abgefallen, kann die Ofentüre vorsichtig einen Spalt geöffnet werden. Bei etwa 150° C – besser erst bei 100° C – kann man den Ofen schließlich ganz öffnen und ausräumen.

Glasur- oder Glattbrand

Der Glasur- oder Glattbrand ist in der Regel der 2. Brand (ab 1000–1380° C). Das Aufschmelzen des Glasurschlamms auf die bereits vorgebrannte Scherbenoberfläche erfolgt bei höherer Temperatur (200–400° C höher) als beim Schrühbrand. Mit höherer Brenntemperatur wird der Scherben zunehmend dichter (Sinterung).

Die Bestimmung der Endtemperatur hängt von der Zusammensetzung des Tons und der Glasur ab. Bei fertig gekauften Tonen und Glasuren ist die Brenntemperatur angegeben. Da der Glattbrand im Unterschied zum Rohbrand fast ohne Vorheizzeit durchgeführt wird, ist davon abzuraten, gleichzeitig ungeschrühte (also nur getrocknete) Werkstücke mitzubrennen. Unerwünschte negative Einflüsse der entweichenden Gase und des Wassers auf die Glasuren als auch ein Zerreißen und Zerplatzen der ungeschrühten Stücke sind häufige Folgen.

Als Hobbykünstler werden Sie kaum einen eigenen Brennofen aufstellen. Die vorstehenden Informationen sollen Ihnen jedoch veranschaulichen, was mit Ihren Werkstücken geschieht, bevor sie in ihrer endgültigen Form bei Ihnen aufgestellt und benutzt werden. Sie finden sicherlich in Ihrer Umgebung eine Töpferei, ein Töpferstudio oder eine Schule, die die Brennarbeit fachmännisch übernimmt.

Oberflächengestaltung

Die Wirkung der zu gestaltenden Oberfläche sollte der Form individuell angepaßt sein. Es bieten sich viele Gestaltungsprinzipien an – wie lebendig – tot, ruhig – laut, einheitlich – zerrissen.
Oberfläche ist nicht nur gestaltete Oberfläche, strukturiert, farbig, matt oder glänzend, sondern ein wesentlicher Bestandteil der Formaussage.
Die Oberflächenbehandlung setzt bei einem keramischen Werkstück »Wesensmerkmale«, die auf- oder abwerten, steigern oder zerstören können. Eines dieser »Wesensmerkmale« ist die Materialwirkung.
Diese kann durch spezielle Techniken wie Polieren, Aufrauhen, Schaben und so weiter in seiner Wirkung verstärkt werden. Schabt man beispielsweise die Oberfläche eines lederharten bis lufttrockenen Gefäßes mit einem Messer oder Teigschaber, erreicht man eine rauhe, grobe, körnige Struktur. Einen seidigen Glanz hingegen erhält man durch Rohpolieren des lederharten Werkstücks mit einem Achat- oder Elfenbeinstift oder einem glatten, abgerundeten Kieselstein.
Durch das Zusammenwirken der jeweiligen Formgebungsverfahren wie Aufbautechniken (Wulst, Steg-, Platten- und kombinierte Technik) sowie der materialeigenen Struktur (Schamotte- oder sonstige Magerungsmittel) entstehen natürliche Werk- und Materialspuren von sehr dekorativer Wirkung.
Auf den folgenden Seiten stelle ich Ihnen plastische und farbige Dekorationen vor. Sie sollen Sie ermutigen, Ihre eigenen Werke durch diese oder andere Techniken in der Gestaltung abzurunden.

Farbige Dekore

Glasuren

Wie historische keramische Funde bezeugen, waren die Ägypter wohl die ersten, die Glasuren verwendeten. Sie mischten feinsten Wüstensand, Soda und Oxide (Ägyptischblau) zu einem Glasurschlamm, der bereits bei sehr niedriger Temperatur zwischen 700 und 800°C mit dem Scherben gar brannte und ausschmolz.

Glasuren sind, wie der Name bereits verrät, Glasflüsse, die auf keramische Oberflächen aufgeschmolzen werden. Ästhetische und technische Aspekte rechtfertigen ihre Verwendung. Sie verändern nicht nur das Aussehen der Oberflächen, sondern machen den porösen Scherben gleichzeitig flüssigkeitsundurchlässig. Außerdem bietet der Glasurüberzug den Auf- und Unterglasuren Schutz, Festigkeit und Halt.

Bei Gebrauchs- und Eßgeschirr ist eine entsprechende Widerstandsfähigkeit gegenüber chemischen Einflüssen (zum Beispiel Zitronen- oder Milchsäure und andere Haushaltssäuren) und mechanischen Einflüssen (zum Beispiel Stoßen, Schneiden und Ritzen) unbedingt erforderlich.

Zusätze wie Magnesium und Kalk in Glasuren wirken während des Abkühlens stabilisierend. Andere Rohstoffe wie beispielsweise Zinn, Zink, Barium und Titan bewirken beim Abkühlen eine Rekristallisation, also die Bildung feiner und feinster Kristalle; damit ist gleichzeitig eine Trübung (Mattierung) der Glasur verbunden.

Da das Herstellen von Glasuren eine ausreichende Erfahrung voraussetzt, sind die im Handel angebotenen Glasuren denen vorzuziehen, die durch eigenes Experimentieren mit meist unbefriedigenden Ergebnissen gewonnen werden. Sie können sich trotzdem eine Reihe brauchbarer und interessanter Glasuren mit eigener Note durch das Experimentieren mit Fertigglasuren herstellen.

Wie bereits oben erwähnt, gibt es Tone unterschiedlicher Farben, auf denen ein und dieselbe Glasur unterschiedliche Ergebnisse zeigt. Um eine Enttäuschung zu vermeiden, sollten Sie vor dem Glasieren Ihres Werkstücks kleine, geschrühte Tonplättchen mit der gewünschten Glasur bestreichen und ein zweitesmal brennen. Gefallen Ihnen Farbe und Oberfläche der Glasur, können Sie Ihr Gefäß oder Objekt damit glasieren.

Falls Ihnen eine Glasur einmal gar nicht zusagt, überziehen Sie Ihr Werkstück ganz oder partiell mit einer zweiten Glasur – das Ergebnis ist oft (leider nicht immer) überraschend gut.

Ansetzen der Glasur

Die im Handel erhältlichen Glasurpulver werden in Wasser gestreut, so daß zunächst ein dicker Brei entsteht. Nach dem Durchrühren wird vorsichtig noch so viel Wasser zugegeben, bis die Glasur eine Konsistenz ähnlich dünnflüssiger Sahne erreicht hat.

Um Klümpchen und Knoten zu vermeiden, muß der Glasurschlamm anschließend mehrmals durch eine feines Sieb (im Fachhandel erhältlich) gestrichen werden.

Bedingt durch das unterschiedliche spezifische Gewicht der verschiedenen Glasurrohstoffe setzen sich manche Glasuren nach dem Ansetzen rasch ab. Dies erschwert einen gleichmäßigen Glasurauftrag. Es empfiehlt sich deshalb, pro Liter Flüssigkeit ein bis zwei Teelöffel Essigsäure oder das im Handel erhältliche Stellmittel zu verwenden.

Zur Aufbewahrung von Glasuren eignen sich verschiedene verschließbare Behälter (zum Beispiel kleine Gläser mit Schraubverschluß oder Eimer mit Deckeln).

Auftragen der Glasur

Das Glasieren kann durch Tauchen, Begießen, Spritzen und durch Pinselauftrag erfolgen. In jedem Fall müssen die zu glasierenden Oberflächen fett- und staubfrei sein. Wischen Sie deshalb mit einem feuchten Schwamm über die zu glasierenden Oberflächen.

Glasieren Sie Ihre Werkstücke über einem Behälter, der einen weiten Durchmesser aufweist, um danebenfließenden Glasurschlamm wieder aufzufangen. Ist ausreichend Glasur vorhanden, können die Teile auch getaucht werden.

Der Pinselauftrag ist nur bei sehr geringer Glasurmenge angebracht, da die Glasur dadurch meist fleckig wirkt.

Am häufigsten werden Glasuren durch Begießen aufgebracht. Grundsätzlich glasieren Sie Hohlgefäße immer zuerst innen. Füllen Sie dazu die Glasur in das Gefäß, bis es etwa zu einem Drittel gefüllt ist. Indem Sie das Gefäß langsam drehen, gießen Sie die Glasur so wieder heraus, daß jede Stelle von der Glasur bedeckt ist.

Die Außenseite begießen Sie am besten, indem Sie mit der linken Hand das Gefäß mit der Öffnung nach unten halten (zum Auffangbehälter). Mit der rechten Hand setzen Sie oben (Gefäßboden) zum Guß an und versuchen, möglichst mit einem Guß um das ganze Gefäß herumzugießen.

Eine andere Möglichkeit wäre, das Gefäß mit der linken Hand im Uhrzeigersinn zu drehen (Öffnung wieder nach unten), während die rechte Hand am Gefäßboden zum Guß ansetzt.

Große und schwere Gefäße begießen Sie partiell. Stellen Sie dazu Ihr Gefäß mit dem Öffnungsrand auf eine Leiste. Begießen Sie eine möglichst breite Fläche von oben her. Auf den »Anschlußstellen« liegt die Glasur dann doppelt, was zu einem reizvollen streifigen Effekt führen kann.

Glasuren 21

Wenn die Glasur trocken ist, können Sie die Stellen, an denen sie zu dick liegt oder wo sich Tropfen und Rinnen gebildet haben, vorsichtig und sanft abreiben und ausgleichen.
Vergessen Sie zum Schluß nicht, die Glasurreste vom Gefäßboden mit einem feuchten Schwamm abzuwischen, damit das Werkstück während des Brennens nicht auf den Brennfüßchen festklebt.

1 Zuerst wird das Gefäß von innen gleichmäßig mit Glasur ausgedreht.

2 Größere Gefäße von oben möglichst gleichmäßig mit Glasur übergießen.

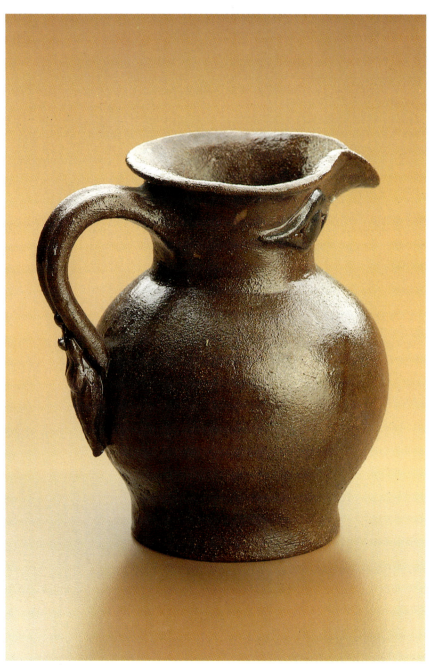

3 Hier ein fertiger Krug – innen und außen mit einer Glasur überzogen – nach dem Glasur- oder Glattbrand. Das Gefäß ist jetzt wasserundurchlässig.

Fritten

Fritten sind ungiftige Glasurschmelzen, die erst unter Zugabe weiterer Stoffe zu Glasuren werden. Fritten bestehen aus einem vorgebrannten Gemenge von Rohstoffen, zum Beispiel giftigen Blei- und Bariumverbindungen, wasserlöslichen Salzen oder Alkalien, die mit Kieselsäure (Quarz) zusammengeschmolzen werden. Es entstehen dadurch Silikate und Aluminate, die durch die chemische Umwandlung so gut wie unlöslich sind. Ein weiterer Vorteil ist, daß die Fritte einen niedrigeren Schmelzpunkt hat, da sie schon einmal geschmolzen wurde und zudem gleichmäßiger ausschmilzt.

Beim Herstellen der Fritten werden die giftigen, wasserlöslichen Rohstoffe einer Glasur mit Quarz in einem Frittenofen zusammengeschmolzen. Das geschmolzene Glaspulver läuft durch eine Öffnung in kaltes Wasser. Durch die rasche Abkühlung zerspringt die Schmelze und kommt gemahlen als Fritte-Rohglasur in den Handel.

Verschiedene farbige Engoben.
Links: vor dem Brand.
Rechts: nach dem Brand mit zusätzlichem transparentem Glasurüberzug.

Engoben

Bereits bei den Römern und Griechen hatte die Gestaltung der Oberflächen mit Engoben hohen Stellenwert. Sicher sind Ihnen die roten und schwarzen Figuren auf Gefäßen aus den jeweiligen Epochen schon einmal in Museen oder Büchern begegnet (Terrasigillata und Terranigra). Noch heute sind Engobentechniken bei der bäuerlichen Keramik fester Bestandteil der Dekorgestaltung.

Engoben sind aufbereitete, aufgeschlämmte Tone von unterschiedlicher Färbung. Mit Engoben läßt sich die ursprüngliche Farbe des Tons überdecken oder schmückend dekorieren.

Die Farbskala der natürlichen farbigen Tone (Rot, Braun, Schwarz, Weiß), die als Grundmasse für Engoben verwendet werden können, ist begrenzt. Durch Zugabe von Metalloxiden oder Farbkörpern ist jedoch eine breitgefächerte Farbnuancierung erreichbar. Die Farbintensität hängt von der Menge der Oxide ab. Es genügt, das pulverisierte Tonmehl, gegebenenfalls mit den Oxiden vermengt, ins Wasser zu streuen und dann durch ein feinmaschiges Haushaltssieb zu streichen.

Engoben-farbe	Zusammensetzung	
blau	0,5–1,5%	Kobaltoxid
dunkel-blau	1,0–2,0% + 1,0–2,0%	Kobaltoxid Manganoxid
grün	2,0–3,0% +1,0–2,0%	Kupferoxid Chromoxid
dunkel-grün	0,5–3,0% +3,0–5,0% +0,5–1,5%	Kupferoxid Chromoxid Nickeloxid
gelb	10–20%	Neapelgelb-farbkörper
dunkel-gelb	20% +1–2% +1%	Neapelgelb-farbkörper Eisenoxid Titanoxid
braun	1–3% +1–3%	Manganoxid Eisenoxid
schwarz	30% +4–6% +4%	Manganton Manganoxid Kobaltoxid

Auftragen der Engobe

Die im Handel erhältlichen Engobenmehle erleichtern Ihnen die Arbeit. Der Ausdehnungskoeffizient der Engobe soll dem des zu engobierenden Werkstücks ähnlich sein. Engoben können grundsätzlich auf alle lederharten (eventuell auf staub- und fettfreie, geschrühte) Werkstücke durch Begießen, Tauchen, Spritzen oder mit dem Pinsel, dem Schwamm, dem Malbällchen aufgetragen werden. Beim Aufmalen mit dem Pinsel soll die Konsistenz dünnflüssiger sein als beim Aufbringen mit dem Malbällchen. Die Engobe liegt bei dieser Dekorationsart plastisch auf der Scherbenoberfläche. Diese Maltechnik erfordert eine besonders sichere Hand. Es ist deshalb ratsam, zuerst auf einer Glas- oder Kunststoffplatte zu üben. Die zum Üben verwendete Engobe kann mit einem Teigschaber von der Platte geschabt und wiederverwendet werden.

Farbintensität und Glanz erhalten engobierte Oberflächen erst durch einen transparenten Glasurüberzug.

Sinterengoben

Einen mehr oder weniger glänzenden Engobenüberzug erreichen Sie durch Zugabe von Flußmitteln, zum Beispiel Kreide, Feldspat und Dolomit. In der Tabelle habe ich einige Rezeptangaben für die Engobenzubereitung zusammengestellt. Als Grundmasse verwenden Sie weißes, pulverisiertes Tonmehl oder weißes, pulverisiertes Engobenmehl und vermischen es vor dem Einschlämmen mit den Oxiden oder Farbkörpern. Allzu große Klumpen vermeiden Sie, indem Sie das Pulver in das Wasser streuen und nicht umgekehrt.

Fritten und Engoben 23

Malerei mit Engoben
Am Beispiel eines Kindergedecks sehen Sie die Wirkung von Engobenmalerei.

Die farbigen Engoben werden mit dem Pinsel aufgemalt. Zuvor empfiehlt es sich, das Motiv mit einem Bleistift auf das Werkstück zu zeichnen. Es erleichtert die Formfindung beim anschließenden Malen. Bleistiftstriche hinterlassen nach dem Brand keine Spuren

Die fertig bemalten Werkstücke können nach dem Schrühbrand zum Abschluß einen transparenten, glänzenden Glasurüberzug erhalten.

1 Bevor die Engobe aufgetragen wird, malen Sie mit Bleistift Ihr Motiv auf das lederharte Werkstück.

2 Jetzt beginnen Sie mit dem Auftragen der Engoben. Achten Sie darauf, daß die Farbe nicht über die vorgezeichneten Ränder fließt.

3 Engoben haben keine grellen Farben; sie harmonisieren daher sehr gut mit dem warmen Naturton des Scherbens.

Sgraffitotechnik

Sgraffito wird aus dem lateinischen abgeleitet, exgraffiare bedeutet auskratzen. Bei dieser Technik werden auf ein lederhartes Werkstück mehrere farbige Engoben übereinander aufgetragen. Durch das anschließende unterschiedlich tiefe Ritzen und Abschaben kommen die verschiedenen Farben wieder zum Vorschein. Hierdurch kann eine Vielfarbigkeit wie auch eine reliefähnliche Oberflächengestaltung erreicht werden.

Als Ritz- und Schabewerkzeuge eignen sich Messer, Schaber, Hölzer, Stifte, Stricknadeln, Kugelschreiberminen und vieles mehr.

Braunstein

Eine Möglichkeit, ohne großen Aufwand eine flächige und insbesondere eine plastische oder reliefartige Oberfläche wirkungsvoll zu gestalten, ist die Einfärbung mit Braunstein. Das mit Wasser angerührte Oxid wird dünnflüssig mit dem Pinsel auf die bereits gebrannte (geschrühte) Oberfläche aufgetragen. Nach dem Antrocknen läßt sich das Oxid besonders gut von den erhabenen Stellen wieder abwischen, so daß der Hell-Dunkel-Kontrast die mehr oder weniger plastische Oberflächengestaltung dekorativ betont. Um die gewünschten Formen hell und klar hervorzuheben, sollten Sie den Schwamm häufig auswaschen.

Nach dem 2. Brand erhält das zunächst schwarz aussehende Oxid einen erdigen, dunkelbraunen Farbton, der in weicher Nuancierung – bedingt durch den unterschiedlichen Farbauftrag – abgestuft werden kann.

1 Die Braunsteineinfärbung wird nach dem Antrocknen teilweise abgewischt.

2 Ein Relief mit Braunsteineinfärbung nach dem Brand.

Plastische Dekore

Die Ritztechnik

Wie die Bezeichnung verrät, wird auch hier in die lederharte Oberfläche mit den zuvor genannten Werkzeugen geritzt. Eine Differenzierung der Gestaltung kann durch die Ritztiefe und Ritzbreite sowie durch die Form geschaffen werden. Es bietet sich hier an, in die geritzten Formen verschiedenfarbige Engoben oder Glasuren einzulegen; ein Ineinanderschmelzen der Glasur ist durch die eingeritzte Trennlinie kaum möglich.

Der Kerbschnitt

Eine der Ritztechnik artverwandte Technik ist der Negativ- oder Kerbschnitt. Dabei werden in lederharte Oberflächen mit einem spitzen Messer oder ähnlichen Werkzeugen verschiedene Formen, Muster oder Ornamente geschnitten. Eine optisch ähnliche Wirkung hat das Eindrücken von Stempeln.

Die Stempel- und Knibistechnik

Die lederharte Oberfläche kann durch unterschiedlich tiefes Eindrücken von Stempeln aller Art reliefartig gestaltet werden (Negativformen). Als Stempel eignen sich beispielsweise Holzleisten, Rundstäbe, Schlüssel, Gabeln, Löffel, Flaschenöffner und ähnliches.
Die Knibistechnik ist der Stempeltechnik artverwandt und wird auch häufig mit ihr kombiniert. Mit flachgeschnittenen 1–5 cm breiten Hölzern werden hier in fortlaufenden Bewegungen in den lederharten Ton Muster, Bänder und Ornamente gedrückt.

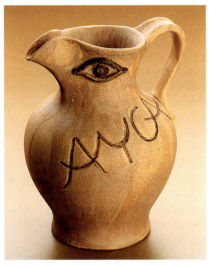

Die Schrift wurde eingeritzt und dunkel eingefärbt, das Auge dagegen ist aufgesetzt.

Beim Kerbschnitt entstehen winkelige Vertiefungen durch Herausschneiden des Tons. Das Werkstück muß dazu genügend Wandstärke haben.

Rhythmische Muster entstehen durch eingedrückte Gegenstände. Hier paßt sich das Muster der Gefäßform an.

Plastische Dekore

Das Rollsiegel

Rollsiegel (Rollstempel) sind zylindrische Walzen mit reliefartiger positiver oder negativer Oberflächengestaltung. Sie können also mit Erhöhungen oder Vertiefungen gearbeitet werden.
Siegelzylinder wurden bereits bei den Ägyptern und Babyloniern benutzt. Als Material für die Herstellung eines Siegels können Ton, Gips, Holz, Metall, Stein oder Kunststoff verwendet werden. Werkzeuge zum Einritzen und Einschneiden der Formen sind beispielsweise Messer.
Für die **Herstellung eines Rollsiegels** gießen Sie dünnflüssigen Gipsbrei in eine Papprolle. Damit der Gipsbrei nicht ausläuft, dichten Sie die Fuge zwischen Rolle und Unterlage mit einem dünnen Tonwulst von außen ab.
In diesen Gipszylinder können Sie jetzt durch Ritzen und Schaben mit einem Messer, einer Nagelfeile, Stricknadel, Kugelschreibermine oder anderen spitzen Gegenständen das gewünschte Motiv plastisch ausarbeiten. Es empfiehlt sich zuvor, das Motiv mit Bleistift auf den Gipszylinder aufzuzeichnen. Die Ritztiefe bestimmt die Erhabenheit des später abgerollten Motivs.
Hier sehen Sie zwei Beispiele: Die Tonplatte mit dem Blütenmotiv könnte für eine zylindrische Vase oder als Abschlußkachel Verwendung finden. Das Rollsiegel mit den eingeritzten Oldtimern wurde für das Relief verwendet, das Sie bereits von Seite 24 kennen.

Die Durchbruchkeramik

Keramische Durchbrucharbeiten, auch Gitterkeramik genannt, haben ebenfalls historische Bedeutung. An alten ägyptischen, aber auch an alten chinesischen Keramiken sind sehr schöne siebartige, mit Figuren und Ornamenten gestaltete Durchbrüche zu finden. Keramiklampen, Zierschalen, Übertöpfe, Luftgitter (bei Baukeramik) sind begehrte Gebrauchsgegenstände unserer Zeit.
Durchbrucharbeiten lassen sich am besten an lederharten Werkstücken mit einem schmalen, spitzen Messer oder stabilen, langen Nadeln durchführen. Achten Sie darauf, daß die stehenbleibenden Tonstege nicht zu dünn werden. Um ein gleichmäßig gegliedertes »Netzwerk« zu erhalten, fertigen Sie sich eine Schablone aus Papier an, die Sie um das Gefäß legen. Jetzt übertragen Sie das Muster mit einem spitzen Stift auf Ihr Werkstück. Anschließend stechen Sie das Muster vorsichtig aus (siehe hierzu auch Seite 65).

1 Das Motiv einer stilisierten Tulpe wird in einen Gipszylinder geritzt.

1 Anstatt eines großen Rollsiegels können Sie auch mehrere kleine Walzen mit unterschiedlichen Motiven herstellen.

2 Entlang vorgezeichneter Linien rollen Sie die Siegel untereinander über die Tonplatte.

2 Mit mäßigem Druck rollen Sie das Siegel über die Tonplatte.

Mit Hilfe einer Nadel (in einen Korken gespießt) entstehen Durchbrüche in einer Gefäßwand.

Die Spitzenstruktur

Das Auflegen und das Eindrücken oder Aufwalzen strukturierter Materialien (grobe Stoffe, Spitzen, aber auch Blätter, Gräser und viele andere natürliche Gegenstände) bietet vielfältige Variationsmöglichkeiten der Oberflächengestaltung.

1 Mit der Teigrolle wurde eine Spitzendecke auf eine Tonplatte gedrückt.

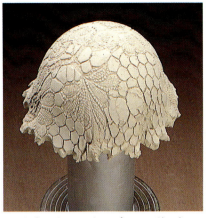

2 Mit den Fingerspitzen formen Sie einen dem Motiv entsprechenden Rand.

3 Bei dieser Spitzenschale wurde das eingedrückte Muster mit farbigen Oxiden eingefärbt (siehe auch Braunsteineinfärbung, Seite 24).

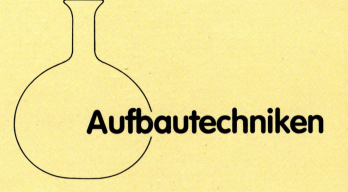

Aufbautechniken

Was die Gestaltung der Form von Gefäßen betrifft, so gibt es einen unbegrenzten Formenkatalog. Unübertroffen an Schönheit und Formvollendung sind historische Gefäße. Wir neigen deshalb oft dazu, das von uns als schön Empfundene einfach nachzuahmen.

Es ließe sich viel zum Thema »Schönheit der Form« ausführen; für Ihr individuelles Gestalten zählt nur ein Argument: Sie sollten bei der eigenen schöpferischen Tätigkeit ein Höchstmaß an Lust und Freude empfinden und nicht in erster Linie ein Höchstmaß der perfekten Nachahmung erreichen wollen.

Aus dem Erleben des eigenen Tuns erwächst meist etwas sehr Lebendiges und Individuelles als Ausdruck bewußter und unbewußter Prozesse. Lassen Sie bei Ihrem Werkstück unbedingt das Handwerkliche – wörtlich genommen: das Werk Ihrer Hände – spüren und erkennen; Perfektion überlassen Sie den Maschinen.

Die Daumentechnik

Die Daumentechnik ist die wichtigste Technik zum Kennenlernen des Werkstoffs Ton mit seinen Eigenschaften. Ihre gestaltende Hand begreift im wahrsten Sinne des Wortes durch Kneten, Drücken und Tasten seine Formbarkeit und Plastizität.

Formen Sie einen luftfrei gekneteten Klumpen Ton durch Drücken und Klopfen zu einer Kugel. Nehmen Sie die Kugel in die eine Hand und drücken Sie den Daumen der anderen Hand senkrecht in die Kugelmitte, und zwar so tief, das eine Bodenstärke von etwa 5 mm entsteht.

Der Daumen im Inneren der Kugel wirkt nun wie eine Achse, wenn die eng aneinanderliegenden vier Finger von außen in kreisender Bewegung gegen den Daumen und somit gegen die Schalenwand drücken. Jede Stelle der von außen drückenden Finger sollte nicht weiter als eine Fingerbreite von der nächsten entfernt sein, wenn Sie die Handschale spiralförmig-kreisend nach oben arbeiten.

Der Vorgang des Drückens wird so lange wiederholt, bis das Gefäß eine einheitliche Wandstärke von etwa 5 mm erreicht hat. Sollte der Rand zu weit geworden sein, können Sie ihn in Falten zusammenschieben und anschließend glätten. Den Rand korrigieren Sie mit dem Messer und runden ihn mit den Fingern ab.

Diese organisch gewachsenen Schalen liegen besonders gut in der Hand. Dies führte dazu, daß derartige Schalen in der Teezeremonie der Japaner eine zentrale Bedeutung erlangt haben.

1 Formen Sie eine gleichmäßig runde Kugel.

3 Die vier äußeren Finger drücken gegen die Gefäßwand.

2 Drücken Sie den Daumen senkrecht nach unten.

4 Den Rand korrigieren Sie mit den Fingern.

5 Gefäßboden und Gefäßwand sollen die gleiche Stärke aufweisen.

Die Wulsttechnik

Das Aufbauen mit Tonwülsten ist wohl eine der ältesten und ursprünglichsten Techniken beim Herstellen von Hohlformen. Auch in der Tierwelt (Vogel- und Wespenarten) wird das spiralförmige Bauen von Nestern und Behausungen praktiziert (siehe Seite 8).
Die Sensibilisierung des Tastempfindens spielt bei dieser Aufbauart wohl die bedeutendste Rolle. Darin liegt denn auch die Berechtigung dieser sehr arbeitsaufwendigen Technik. In der Praxis findet sie deshalb kaum Anwendung, es sei denn, daß die »Werkspur« gleichermaßen die Oberflächengestaltung ausmacht.

Hinweise zum Gefäßaufbau

Ist die zu verarbeitende keramische Masse normal plastisch, genügt es, die Verbindungs- und Ansatzstellen mit einem rauhen und feuchten Schwamm oder einem Topfreiniger zu überstreichen, damit die Verbindung hält.
Bei festerem Ton ist vor dem nächsten Aufbauschritt ein zusätzliches Aufrauhen des Randes mit einer Gabel oder einem ähnlichen Instrument und anschließendes Auftragen von Schlikker als Klebemittel erforderlich.
Weiterhin sollten Sie darauf achten, daß die Ränder grundsätzlich – sei es der abschließende oder der Rand zum Wiederaufsetzen – niemals zu dünn gearbeitet werden. Mit dem Rand steht oder fällt die Form, was Sie im wörtlichen wie im übertragenen Sinn verstehen können.

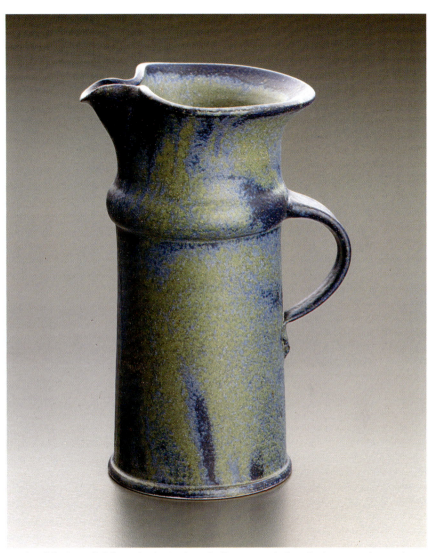

Auch solch ein Gefäß kann in der Wulsttechnik systematisch aufgebaut werden; viele weitere Formen sind denkbar.

Ein Gefäß entsteht

Wie bei allen Aufbautechniken kneten und schlagen Sie den Ton homogen und luftfrei auf einer festen Arbeitsunterlage – einem Tisch oder Brett.

Für den Gefäßboden klopfen Sie einen Tonkloß mit der Handfläche, Handkante oder dem Handballen gleichmäßig flach. Sie können den Ton auch mit einer Teigrolle auswalzen. Je nach der von Ihnen vorgesehenen Form schneiden Sie den Boden rund, oval oder eckig zu. Als Schneidwerkzeug können Messer, Modellierinstrumente oder ähnliches verwendet werden.

Um die Tonwülste herzustellen, formen Sie zunächst aus dem Tonbatzen eine Walze. Rollen Sie gleichmäßig starke, etwa fingerdicke Tonwülste von etwa 50–70 cm Länge, indem Sie mit den ganzen Handflächen (nicht mit den Fingern, sonst entstehen Wellen!) von der Mitte aus nach rechts und links oder mit aneinanderliegenden Händen parallel erst nach rechts, dann nach links arbeiten. Um an den Wülsten Falten und Kanten zu vermeiden, arbeiten Sie ohne allzu großen Druck.

Es ist ratsam, mehrere gleichstarke Wülste auf Vorrat herzustellen und sie bis zur Verarbeitung mit einem feuchten Tuch oder einer Folie abzudecken, damit sie nicht austrocknen.

Der Aufbau einer zylindrischen Form entsteht auf folgende Weise:

Der Tonwulst wird unmittelbar auf den Rand des Bodens gesetzt und spiralförmig in die Höhe geführt. Es sollten jedoch nicht mehr als fünf Ringe übereinanderliegen. Um die Wülste miteinander zu verbinden, werden sie mit dem Daumen innen und mit den übrigen vier Fingern außen zusammengedrückt und gestaucht.

Der vorerst runde Querschnitt des Tonwulstes wird dadurch nahezu quadratisch oder rechteckig. Es würde nicht ausreichen, die Wülste einfach übereinanderzulegen, da ihre Berührungsflächen zu klein sind.

Der durch Drücken und Stauchen veränderte Querschnitt der Tonwülste wirkt sich zum einen günstig auf die Stabilität des Gefäßes aus, und zum anderen wird durch das Drücken, Quetschen und Stauchen die vorhandene Luft nach beiden Seiten weggeschoben. Wie bei der Daumentechnik darf zwischen diesen Druckstellen nur ein fingerbreiter Abstand liegen, da sonst keine gleichmäßige Wandstärke entsteht.

Um die Bodenplatte mit der Gefäßwand fest zu verbinden, sollten Sie von innen ein ganz dünnes Tonwülstchen zusätzlich einarbeiten (verstreichen). Die Bodenplatte verbinden Sie mit dem Gefäß, indem Sie mit einem Teigschaber vom äußeren Rand stets zur Mitte hin streichen.

1 Den luftfrei geschlagenen Tonklumpen mit der Hand flachklopfen

2 Auf die gleichmäßig dicke Tonplatte den Umriß für den Gefäßboden zeichnen

3 Die Umrisse mit einem spitzen Messer ausschneiden

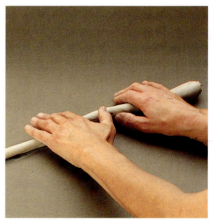

4 Mit den Handflächen gleichmäßige, fingerdicke Wülste rollen

5 Den Tonwulst direkt auf den Gefäßboden setzen und andrücken

Ausladende und sich verjüngende Formen 33

6 Die Tonwülste werden spiralförmig übereinandergelegt.

7 Ein dünnes Tonwülstchen sollte zwischen Boden und Gefäßwand verstrichen werden.

Ausladende Form

Ein Nachaußenwachsen oder sich erweiterndes Wölben des Gefäßes erreichen Sie durch Verlagern, also durch allmähliches Versetzen der Ringe nach außen. Wenn Sie dagegen die Form zu plötzlich ausweiten wollen, können die folgenden Ringe nicht richtig getragen werden; die Stabilität geht verloren, das Gefäß sackt zusammen.

Sich verjüngende Form

Enger werdende, sich verjüngende und schließende Formen arbeitet man durch Verlagern der Ringe nach innen. Achten Sie beim Aufbauen immer darauf, daß die Ansatz- und Nahtstellen möglichst nicht übereinanderliegen.
Die aufeinanderliegenden Tonringe werden nach dem Zusammendrücken und Stauchen zusätzlich in jedem Fall an der Gefäßinnenwand verstrichen. Verbleibende Ritzen und Fugen müssen mit ganz dünnen Tonröllchen ausgefüllt und verstrichen werden.
Für das Verstreichen der Tonwülste von außen und innen eignet sich hervorragend ein zurechtgeschnittener Teigschaber. Es ist jedoch zu überlegen, ob nicht gerade bei dieser Aufbautechnik die lebendige, werkgerechte Oberflächenstruktur erhalten bleiben sollte; wenn ja, dann verstreichen Sie Ihr Werkstück nur von der Innenseite.
Rollen aus Zeitungspapier entziehen dem Ton etwas Feuchtigkeit, was das weitere Aufbauen insofern erleichtert, als die Form durch das Eigengewicht nicht zusammenfällt. Ein aufgeblasener Luftballon stützt das noch weiche Gefäß, wenn der Gefäßhals aufgesetzt wird. Dieser Luftballon muß noch vor dem Trocknen des Gefäßes entfernt werden, um Rissebildung am Gefäß zu vermeiden.

8 Bei ausladender Form werden die Tonwülste nach außen versetzt.

9 Bei der Wulsttechnik müssen die Wülste stets innen verstrichen werden.

10 Rollen aus Zeitungspapier stützen den Ton und entziehen Feuchtigkeit.

11 Ein aufgeblasener Luftballon stützt das noch weiche Gefäß.

Die additive Aufbautechnik

Eine Fülle von Gestaltungsmöglichkeiten erreichen Sie durch das Variieren von unterschiedlich dicken und langen Tonwülsten in rhythmischer Anordnung und Gliederung.

Spiralförmig gelegte Schnecken, flachgedrückte Klümpchen und Kugeln, kleine Plattenstücke als Bauelemente können durch stumpfes sowie überlappendes Aneinanderfügen beim spielerischen Gestaltungsprozeß Anwendung finden. Die differenzierten Ausdrucksmöglichkeiten dieses Verfahrens setzen Ihrer Kreativität und Phantasie keine Grenzen.

Zu beachten ist bei dieser Aufbautechnik, daß die einzelnen Formelemente luftfrei und auf der Gefäßinnenseite sorgfältig mit einem Teigschaber verstrichen werden. Außerdem muß berücksichtigt werden, daß beim Trocknen, bedingt durch die unterschiedlichen Tonstärken, Spannungen, also Spannungsrisse auftreten können.

Um die Gefahr des Reißens zu verhindern, ist ein sehr langsames, gleichmäßiges Trocknen erforderlich. Decken Sie das Gefäß zuerst locker mit Zeitungspapier und dann mit einer Plastikfolie ab. Beides wird nach einigen Tagen wieder entfernt.

1 Wülste, Platten und Kugeln werden miteinander verbunden.

Abschluß mit einem nach außen gebogenen Rand für ein rundes Gefäß, ...

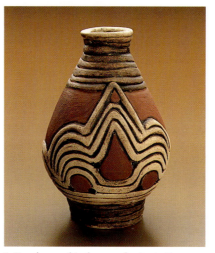

2 Durch verschiedene aufgelegte Engoben kommt die Struktur dieses Gefäßes besonders gut zur Geltung.

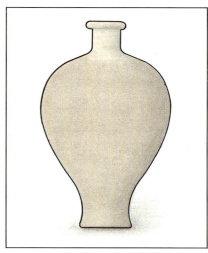

... für ein hohes, bauchiges Gefäß mit kleinem Bodendurchmesser, ...

Allgemeine Regeln für den Gefäßabschluß

Kleine Formveränderungen des Gefäßrandes nach außen oder innen bringen das Gefäß erst zum Abschluß. Ein gerader Auslauf des Gefäßrandes oder Gefäßhalses wirkt dagegen immer abgeschnitten und unvollendet. Die Spannung und Kraft, die in einem Gefäß liegt, wird sozusagen durch den richtigen Abschluß aufgefangen und wieder aufgenommen.

... für ein ausladendes Gefäß.

Additive Aufbautechnik und Schneckenhaus 35

Das Schneckenhaus

Hatten Sie nicht auch schon einmal das Bedürfnis, das rasante Tempo unserer Computerzeit zu reduzieren oder sich gar selbst in ein Schneckenhaus zu verkriechen, um der Hektik Ihrer Umwelt vorübergehend zu entfliehen? Bauen Sie sich Ihr persönliches Schneckenhaus!

Formen Sie einen konischen Wulst aus luftfreiem Ton. Rollen Sie, am dicken Ende beginnend, den karottenförmigen Wulst zum dünnen Ende hin auf – rechtsdrehend, wie es die Schnecke macht.

Auf der Unterseite der aufgerollten Schnecke müssen Sie mit dem Finger vorsichtig ein Loch eindrücken, um die aufgerollten Wülste von innen verstreichen zu können. Drücken Sie so tief, daß von innen sämtliche Wulstringe durch Verstreichen verbunden werden.

Schneckenhäuser sind in unterschiedlichen Größen herstellbar; Sie können sie glasieren oder auch nur schrühen.

1 Rollen Sie aus geknetetem Ton einen konisch geformten Wulst.

2 Vom dicken Ende her rollen Sie den Wulst in Schneckenform auf.

3 Die Wulstringe müssen im Innern der Schnecke mit dem Finger gut verstrichen werden.

Die Stegtechnik

Die Stegtechnik ist die am häufigsten angewendete Aufbaumethode. Mit ihr lassen sich sowohl einfache als auch komplizierte Hohlformen herstellen. Beim Arbeitsablauf zur Herstellung von Tonstegen sind folgende Hinweise unbedingt zu berücksichtigen:

Das Festkleben von Ton auf der Arbeitsunterlage kann man grundsätzlich vermeiden, indem man ein glattes Baumwolltuch unterlegt; Zeitungspapier ist als Unterlage ebenfalls brauchbar. Da jedoch das saugfähige Papier dem Ton die Feuchtigkeit entzieht, weicht es schnell auf. Sie müssen es deshalb häufig auswechseln.

Bereits angeklebter Ton kann durch Abschneiden mit einem gespannten dünnen Draht oder einer Perlonschnur von der Unterlage gelöst werden.

Formpläne für die Stegtechnik

Die Form Ihres Gefäßes sollten Sie keineswegs dem Zufall überlassen. Versuchen Sie immer, Ihre Gestaltungsabsicht oder Formvorstellung durch gezieltes, planmäßiges Vorgehen zu erreichen.

Zerlegen Sie Ihre Arbeitsschritte bei der Stegtechnik »reihenweise« durch Skizzierung des Vorganges. Die Zeichnungen zeigen drei Beispiele.

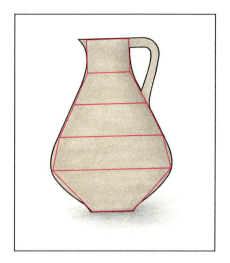

Damit Ihr Gefäß nicht »außer Form« gerät, zerlegen Sie die einzelnen Arbeitsschritte. Wollen Sie das Gefäß erweitern, müssen die Tonstege länger werden; verjüngt sich das Gefäß, benötigen Sie kürzere Tonstege. Die Zeichnung zeigt Ihnen auf einen Blick, welche Stege sich nach innen oder nach außen öffnen müssen.

Formpläne und Entstehung eines Gefäßes

Ein Gefäß entsteht

Beim Aufbauen beginnen Sie wie gewohnt mit dem Schlagen und Kneten der Tonmasse. Für die Stegtechnik werden aus der homogenen und gut plastischen (feuchten) Masse mit der flachen Hand dicke Tonwülste gerollt.

Der erste Steg soll in seiner Länge knapp dem Umfang des zuerst gefertigten Gefäßbodens (siehe Seite 32) entsprechen. Mit der Handkante oder dem Handballen klopfen Sie von rechts nach links oder umgekehrt den Wulst zu einem Steg. Indem Sie den Steg zusätzlich mit einer Teigrolle bearbeiten, erreichen Sie, daß er gleichmäßig stark wird. Der gerade Tonsteg wird um den Rand des vorbereiteten Bodens gelegt und mit den Fingern fest an den Boden gedrückt; Boden und Steg müssen eine Einheit bilden.

Der so entstandene Tonring wird an den sich berührenden Enden um so viel gekürzt, daß sie noch 0,5 cm übereinanderliegen. Die Nahtstelle wird fest zusammengedrückt. So erreichen Sie die innige Verbindung beider Teile und eine gleichmäßige Tonstärke des gesamten Stegringes.

Bei ausladenden oder sich schließenden Formen bestimmt die Krümmung, also die Bogenweite des aufgelegten Tonsteges, wie weit sich ein Gefäß öffnet oder schließt. Soll die Wölbung wachsen und sich öffnen, wird der Tonsteg mit dem weiteren Rand (Oberkante) nach oben aufgelegt. Bei sich schließenden Formen arbeiten Sie genau umgekehrt; der weitere Rand kommt nach unten (siehe hierzu auch die Zeichnung auf Seite 37).

Ein gerader Tonsteg bildet den Abschluß eines Gefäßes. Um die Außenwand zu glätten, verstreichen Sie die Steganätze mit dem Teigschaber, während innen die Hand den Druck stützend auffängt.

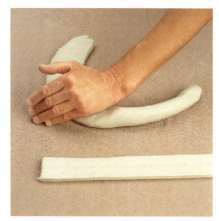

1 Mit der Handkante schlagen Sie einen Tonwulst zu einem Steg.

4 Bei einer ausladenden Form legen Sie die weite Kante nach oben.

2 Den Steg legen Sie um den Gefäßboden herum und drücken ihn fest an.

5 Soll sich das Gefäß wieder verjüngen, legen Sie die weite Kante nach unten.

3 Zwischen Gefäßboden und Gefäßwand verstreichen Sie ein kleines Tonwülstchen.

6 Aus längeren und kürzeren Stegen entstehen bauchige Gefäße.

Aufbautechniken: Galerie

Sie beherrschen jetzt die einfachen Aufbautechniken. Hier zeigen wir Ihnen noch einige Beispiele als Anregung.

Die drei Schälchen entstanden in der Daumentechnik. Sie sehen, auch hier sind verschiedene Formen möglich. Die Muster wurden eingedrückt (gestempelt) und eingeritzt.

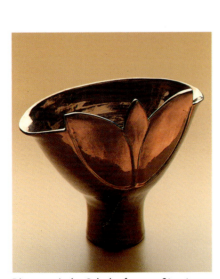

Die organische Schalenform paßt gut zum Blattmotiv.

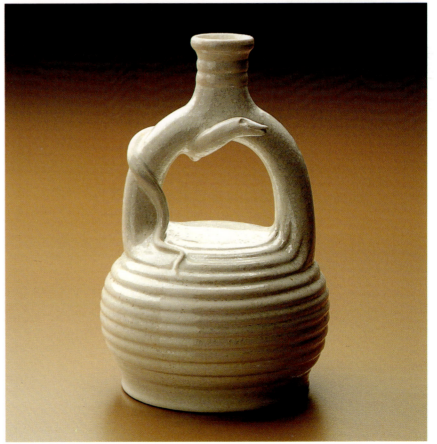

Die Werkspuren der Wulsttechnik wurden hier ganz bewußt in die Gestaltung mit einbezogen.

Krüge und Kannen

Grundsätzlich wird ein Gefäß erst durch die Tülle oder Schnaupe und einem Henkel zum Krug. So bilden Krüge, Kannen, Henkel- und Deckelgefäße erst durch das Zusammensetzen der Einzelteile eine Einheit.

Schnaupen, Tüllen, Henkel und Deckel sollen harmonisch und gewachsen wirken. Sie müssen aber in erster Linie ihre Funktion erfüllen. Sie sind deshalb kein dekoratives Beiwerk.

Die Schnaupe

Als Schnaupe bezeichnet man die zum Gießen vorgesehene Lippe. Sie wird dem Henkel gegenüber aus dem noch weichen Rand gezogen.

Mit gut angefeuchtetem Zeigefinger der einen Hand ziehen Sie sehr vorsichtig durch mehrmaliges Streichen die »Lippe« heraus, während Daumen und Mittelfinger der anderen Hand den Gegendruck auffangen. Achten Sie darauf, daß der innere Lippenrand scharfkantig ist. Es entsteht so eine »Schneidekante« für die Flüssigkeit.

Größere Schnaupen werden in Dreieckform aus einem kleinen, flachgewalzten Tonplättchen ausgeschnitten und vorgeformt. Vor dem Angarnieren (Ansetzen) der Schnaupe an das lederharte Werkstück müssen Sie zuerst am Gefäßrand einen entsprechend großen Winkel herausschneiden. Dann rauhen Sie die Ansatzstellen mit einem spitzen Gegenstand auf, bestreichen sie mit Schlicker und setzen die Schnaupe an.

Den Henkel bringen Sie genau gegenüber der Schnaupe an (siehe auch Seite 42).

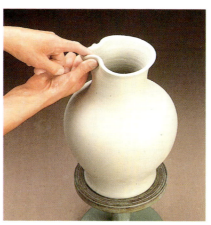

Ziehen Sie vorsichtig mit angefeuchtetem Finger die Schnaupe heraus.

2 Aus einer ausgerollten Tonplatte formen Sie die Schnaupe.

1 Für eine größere Schnaupe schneiden Sie am Gefäßrand einen Winkel aus.

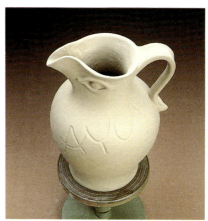

3 Der fertige Krug mit Schnaupe und Henkel.

Die Tülle

Unter Tülle versteht man den rohrähnlichen Gießer bei Kannen. In erster Linie soll die Tülle die Funktion des Gießens erfüllen, und zwar möglichst tropffrei. Außerdem muß die Tülle genau so am Gefäß angebracht werden, daß die Kanne »voll« genutzt werden kann. Tülle und Henkel sollen sich jeweils als Gegengewicht ergänzen.

Ich empfehle Ihnen, sich von »Ihrer« Kanne ein paar Skizzen anzufertigen, denn es gibt schließlich mehrere Möglichkeiten für die Form und die Ansatzstellen von Tülle und Henkel. Einige Zeichnungen erleichtern Ihnen in jedem Fall die Formfindung.

Haben Sie die passende Tüllenform für Ihre Kanne gefunden, walzen Sie eine dünne Tonplatte aus, aus der Sie eine trapezähnliche Form herausschneiden. Diese Form rollen Sie zu einer Röhre und legen die Kanten 0,5 cm überlappend aufeinander. Wie gewohnt müssen Sie die Nahtstellen außen und innen zusammendrücken und verstreichen. Die Tülle wird dem Gefäß angepaßt (bei langem Kannenhals muß der Gießer abgeschrägt werden); der Gießwinkel beträgt etwa 40–80 Grad zur Längsachse der Kanne.

Zeichnen Sie Ansatzstelle (Höhe und Größe der Tülle) am Gefäß ein. Wenn Sie eine Teekanne arbeiten, können Sie die Ausgußstelle siebartig durchlöchern; aus hygienischen Gründen und wegen einer eventuellen Verstopfungsgefahr empfehle ich diese Methode jedoch nicht.

Eine andere Möglichkeit: Schneiden Sie die Ansatzstelle aus, die Sie dann wie gewohnt aufrauhen und schlickern. Drücken Sie die Tülle anschließend so fest an, bis der Schlicker herausquillt und verstreichen Sie den Schlicker.

Links eine Kanne mit optimaler Henkel- und Tüllenform. Bei der mittleren Kanne befinden sich Tülle und Henkel nicht im Gleichgewicht. Bei der rechten Kanne beträgt die Füllhöhe lediglich zwei Drittel.

1 In eine dünne Platte aus luftfreiem Ton ritzen Sie die Tüllenform.

3 Die sich überlappenden Kanten müssen gut verstrichen werden.

2 Die Kanten der Röhre liegen überlappend aufeinander.

4 Bei manchen Kannen müssen Sie den Gießer abschrägen.

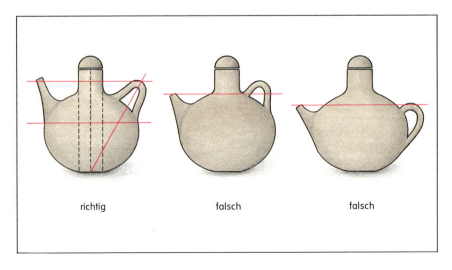

richtig   falsch   falsch

Die Tülle 41

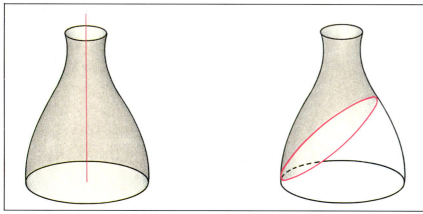

Links eine Tülle für eine Kanne ohne (oder mit kleinem) Hals; rechts eine abgeschrägte Tülle für eine Kanne mit langem Hals

8 Die Ansatzstelle wird aufgerauht und mit Schlicker bestrichen.

Meistens ist ein zusätzliches, dünnes Tonwülstchen zum Auffüllen der Ansatzstelle erforderlich, denn Tülle und Grundform sollen eine gewachsene Formeinheit bilden.

Eine Lippe (oder Schnaupe) am Tüllenrand erhalten Sie, indem Sie mit Daumen und Zeigefinger der einen Hand die »Lippe« stützen und gleichzeitig leicht gegeneinanderdrücken, während der angefeuchtete Zeigefinger der anderen Hand vorsichtig eine Gießrinne herauszieht.

Für einen tropffreien Gießer müssen Sie den Lippenrand scharfkantig arbeiten, damit er flüssigkeitsschneidend wirken kann.

6 Mit einem Bleistift können Sie Löcher für ein Teesieb bohren.

9 Zwischen Tülle und Gefäß sollte ein Tonwülstchen verstrichen werden.

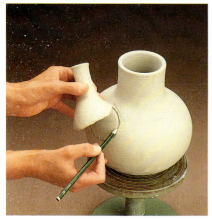

5 Markieren Sie die Ansatzstelle der Tülle.

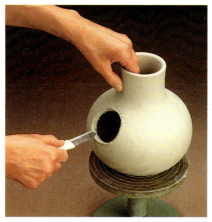

7 Verzichten Sie auf das Teesieb, schneiden Sie den gesamten Kreis aus.

10 Die Schnaupe ziehen Sie mit angefeuchtetem Finger aus dem Rand heraus.

Der Henkel

Es gibt verschiedene Möglichkeiten, einen Henkel zu formen; hier werden zwei davon vorgestellt. Grundsätzlich ist darauf zu achten, daß der Henkel gut in der Hand liegt und der Schwerpunkt des Gefäßes nicht zu weit vom Drehpunkt entfernt ist.

Die erste Möglichkeit für die Herstellung eines Henkels ist der sicherere Weg, Gefäß und Henkel einheitlich werden zu lassen.

Bereiten Sie aus luftfrei geknetetem Ton einen konisch gerollten Tonwulst vor, der etwas dicker ist als der gewünschte spätere Henkel. Die obere und untere Ansatzstelle des Henkels am lederhart getrockneten Gefäß müssen Sie wie gewohnt aufrauhen und mit Schlicker bestreichen.

Haben Sie Lippe, Tülle oder Gießer schon gearbeitet, müssen Sie darauf achten, daß der Henkel genau gegenüber angesetzt wird.

Drücken Sie jetzt den vorgeformten Rohling so fest gegen die obere Ansatzstelle, daß der Schlicker seitlich herausquillt. Versuchen Sie, mit der anderen Hand – wenn möglich – von innen dagegenzudrücken.

Die gut angefeuchteten Hände bewegen sich melkend-streichend, sie gleiten am Ton entlang, wodurch der Henkel ohne allzu großen Druck gezogen wird. Durch diesen mäßigen Druck beeinflussen Sie den Querschnitt (rund oder flach) des sich nach unten verjüngenden Henkels.

Durch das Ziehen wird der Henkel elastisch, so daß Sie ihn so lange anpassen können, bis Sie die richtige Form gefunden haben, ohne daß der Ton reißt oder bricht. Durch spannungsvolles Biegen der Form drücken Sie nach Aufrauhen und Schlickern den Henkel fest an die untere Ansatzstelle.

Bei der zweiten Methode werden alle Arbeitsgänge genauso wie oben

1 Gegenüber der Tülle (oder Schnaupe) rauhen Sie die Ansatzstelle auf.

3 Diesen elastischen Henkel können Sie der Gefäßform anpassen.

2 Nach dem Ansetzen ziehen Sie den Henkel mit angefeuchteten Händen.

beschrieben durchgeführt, jedoch mit dem Unterschied, daß der Henkel zuerst mit den angefeuchteten Händen gezogen und erst anschließend am Gefäß angesetzt wird. Hierbei besteht jedoch die Gefahr, daß der Henkel sich beim Ansetzen verformt. So etwas auszugleichen ist schwierig.

Beim Trocknen ist besondere Vorsicht geboten, da Henkel und alle anderen abstehenden Teile rascher trocknen und somit zu Rissebildungen neigen (siehe auch Seite 16).

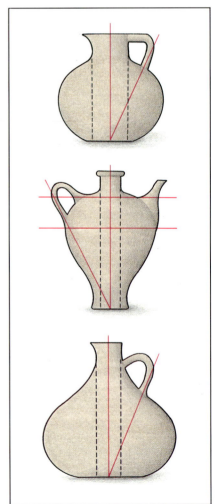

Die drei Skizzen veranschaulichen, was Sie bei der Formfindung von Tülle (oder Schnaupe) und Henkel für Ihr Gefäß beachten müssen.

Henkel und Deckel 43

Der Deckel

Der Deckel einer Kanne, einer Dose oder eines Behälters soll (wie der Krug mit Gießer und Henkel) eine formale Einheit mit dem Gefäß bilden. Er soll aber auch funktional gut passen, ineinandergreifen, zusammenhalten und gut aufliegen.

Ein Deckel wird am besten mit der Grundform in einem Stück hergestellt und später im lederhart getrockneten Zustand von ihm abgeschnitten (siehe dazu die Hühnerdose auf Seite 60).

Damit der Deckel später nicht abrutscht, sondern sicher in das Gefäß hineingreift, muß ein genügend breiter Tonsteg oder »Falz« als Auflagefläche angarniert werden.

Achten Sie darauf, daß Deckel und Gefäß zusammen, also auf- oder ineinanderliegend, und gleichzeitig trocknen. Das ist ganz wichtig, damit die Teile auch später noch zusammenpassen. Kleine Streifen aus Zeitungspapier zwischen Deckel und Gefäß verhindern, daß der noch feuchte Ton beim Trocknen zusammenklebt.

Die Zeichnung zeigt Ihnen die wesentlichsten Deckelformen.

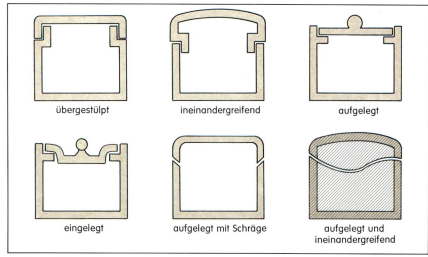

Sechs verschiedene Deckelformen, die für Dosen, Kannen und andere Behälter verwendet werden können.

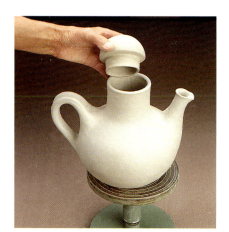

Ein Deckel soll formal und funktional gut passen.

Die Kanne ist fertig; Tülle und Henkel sind ausgewogen angesetzt, der Deckel hat die richtige Form.

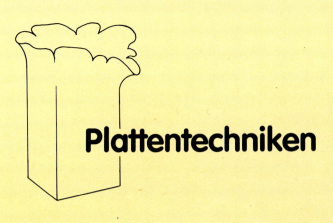

Plattentechniken

Das Arbeiten und Formen mit Tonplatten ist nicht nur für den professionellen Keramiker eine sehr beliebte und häufig angewandte Formmethode, sondern auch und gerade für den Hobbytöpfer. Bei dieser Technik können beispielsweise Tonplatten im plastischen Zustand vorgeformt, gebogen, gestaucht, gedehnt und schließlich lederhart weiterverarbeitet werden.
Die vorgeformten Platten lassen weiche, fließende Formen entstehen. Werden die Platten jedoch erst in lederhartem Zustand verarbeitet, entstehen klare, straffe, geometrische und tektonische Formen.

Tonplatten herstellen

Die Plattentechnik ermöglicht Ihnen eine unerschöpfliche Vielfalt von Gestaltungsmöglichkeiten – von der einfachsten bis zur kompliziertesten Form.
Tonplatten kann man auf verschiedene Weise anfertigen:
- indem man einen Tonklumpen mit der Hand flachklopft,
- den Ton mit einer Teigrolle auswalzt,
- Platten von einem zuvor aufgeschlagenen »Blätterstock« (Tonblock) abschneidet.

Platten walzen

Das Auswalzen von Tonplatten mit einer Teigrolle zwischen zwei parallel liegenden Leisten ermöglicht es Ihnen, gleichmäßig starke Platten herzustellen. Die Leistenstärke bestimmt die Tonplattenstärke.
Gleichstarke Platten entstehen auch durch Abziehen der überschüssigen Tonmasse mit einem Kantholz oder einer Holzleiste. Bei dieser Technik wird der Ton zuerst zwischen zwei parallel liegenden, gleichstarken Leisten mit der Hand flach geklopft; die Platte muß etwas dicker sein als die angelegten Leisten. Mit kräftigem Druck und einer ruckweisen Zickzackbewegung ziehen Sie jetzt mit der dritten Holzleiste die überschüssige Tonmasse ab.

Die einfachste Art Tonplatten herzustellen, ist das Flachklopfen mit der Hand.

1 Den Ton zuerst mit der Hand flachklopfen und schieben.

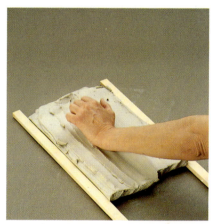

1 Vor dem Abziehen wird der Ton flachgeklopft und geschoben.

2 Nachdem Sie zwei gleichstarke Holzleisten angelegt haben, walzen Sie den Ton mit einer Teigrolle aus.

2 Überschüssigen Ton zieht man mit Hilfe einer Holzleiste ab.

Ein- und mehrfarbige Platten

Platten schneiden

Wenn Sie mehrere Tonplatten benötigen, lohnt es sich, einen Blätterstock aufzuschlagen. Dazu ist eine größere Menge luftfrei gekneteter Ton erforderlich. Aus etwa armdicken Tonwalzen in der gewünschten Plattenlänge arbeiten Sie durch An- und Aufeinanderschlagen der Walzen, durch Klopfen, Stauchen, Drücken, Schieben und Verschieben einen luftfreien Massequader.

Stehen Ihnen mehrere Holzleisten zur Verfügung, stapeln Sie diese rechts und links dicht neben dem Blätterstock aufeinander. Jetzt können Sie von der Blockoberseite bis zum Blockboden hin Platten abschneiden. Dazu ziehen Sie den straff gespannten Schneidedraht von hinten nach vorn durch den Tonblock, wobei Sie gleichzeitig mit dem Daumen oder einem Finger den Schneidedraht auf die Leisten drücken.

Nach dem Abschneiden müssen Sie die Platte unter Verwendung der oberen beiden Leisten abheben: Schieben Sie dazu die eine Leiste unter den Rand der Tonplatte und drücken Sie die andere Leiste von oben parallel dagegen. Jetzt können Sie die Platte abheben, ohne daß sie sich verzieht.

Wenn Sie nicht genug Leisten haben, dann arbeiten Sie mit zwei gleichstarken Leisten auf folgende Weise: Legen Sie die beiden Leisten am Blockboden entlang der Längsseiten an und ziehen Sie den Schneidedraht wie oben erläutert durch den Tonblock.

Nach dem Abschneiden müssen Sie jetzt allerdings den gesamten Tonblock abheben, was je nach Blockgröße nur bedingt möglich ist. Bei diesem Schneidevorgang wird also von unten nach oben gearbeitet.

Die geschnittenen Tonplatten können Sie nach dem Abheben bei Platzmangel auch übereinanderstapeln. Damit sie nicht zusammenkleben, legen Sie am besten ein glattes Tuch oder mehrere Zeitungsblätter als Trennhilfe zwischen die Platten.

Mehrfarbige Platten

Bei dieser Technik handelt es sich um die gleichzeitige Verarbeitung unterschiedlich gefärbter Tone. Voraussetzung für das Gelingen der Verarbeitung ist das Zusammenpassen, die **Gleichheit** der unterschiedlichen Tonmassen. Gleichheit bedeutet gleiche Plastizität (fett oder mager, gleicher Schamotteanteil) sowie gleiche Verhaltensweisen der Tone beim Trocknen, Schwinden und Brennen.

Technologische Fehlschläge und unerfreuliche Überraschungen lassen sich am sichersten vermeiden, wenn Sie Ihre farbigen Tonmassen selbst herstellen, indem Sie den Ton mit Oxiden selbst einfärben. Ein gleichmäßiges Einfärben gelingt aber nur durch Einschlämmen der Oxide in die breiige Tonmasse (siehe Seite 13). Durch Einkneten von färbenden Oxiden in den Ton läßt sich meist keine zufriedenstellende Färbung erzielen.

Färbende Oxide sind:

Eisen	= rotbrennend
Mangan	= braunbrennend
Kupfer und Chrom	= grünbrennend
Kobalt	= blaubrennend

1 Stapeln Sie rechts und links neben den Tonblock mehrere gleichstarke Holzleisten. Mit dem Schneidedraht schneiden Sie Ihre Tonplatten von oben nach unten ab.

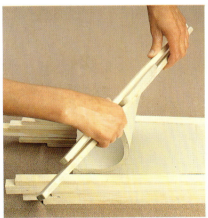

2 Um die Tonplatte nicht zu verziehen, heben Sie sie mit zwei Holzleisten vom Tonblock ab.

Tonplatten herstellen

Das Fladern

Die Bezeichnung »Fladern« steht wohl mit dem Fladerschnitt bei der Holzverarbeitung im Zusammenhang. Dort wird das Holz quer zur Maserung in Scheiben geschnitten. Diese Technik wird auch bei der Bonbonherstellung (Drops) angewandt.

Schlagen Sie zwei Tonblöcke von verschiedener Farbe aufeinander und trennen Sie den Block mit dem Schneidedraht in der Mitte durch. Schichten Sie Block auf Block, so ergeben sich bereits vier Farbstreifen. Wird dieser Vorgang mehrmals wiederholt, entstehen fein gestreifte Blöcke, von denen Sie Platten oder Fladen abschneiden und beispielsweise zu einer Vase weiterverarbeiten können.

3 Diesen Vorgang – Aufeinanderschlagen und Teilen – können Sie so lange wiederholen, bis der Tonblock feingestreift erscheint. Zur weiteren Verarbeitung schneiden Sie dünne Platten von dem gemusterten Tonblock ab.

Das Marmorieren

Durch geringfügiges Kneten gefladerter Platten entsteht eine marmorierte Tonmasse. Bereits in der Jungsteinzeit versuchte man so, Steingefäße (aus Marmor) zu imitieren.

1 Schlagen Sie zwei verschiedenfarbige Tonblöcke aufeinander, und teilen Sie den Block mit dem Schneidedraht durch.

2 Schlagen Sie diese beiden zweifarbigen Blöcke wieder aufeinander, und teilen Sie den Block noch einmal.

4 Eine dekorative Vase aus gefladerten Tonplatten.

Fladern, marmorieren und mustern 49

Das Mustern

Eine reizvolle Variante zum Fladern und Marmorieren stellt das gezielte Mustern mit zwei farbigen Tonen auf einer Fläche dar. Wülste aus hellem und dunklem Ton, von unterschiedlicher Länge und Stärke, in Streifen oder Spiralform gelegt, ergänzt durch flachgedrückte Klümpchen und Kugeln – all das läßt eine unerschöpfliche Formenvielfalt zu. Um eine Verbindung der einzelnen Formteile herzustellen, muß das lose Formgebilde mit einer Walze überrollt werden.

Beim Fladern, Marmorieren und bei eingelegten Mustern bearbeiten Sie die Tonoberfläche nach dem Trocknen und vor dem ersten Brand leicht mit Stahlwolle. Für die anschließende Formgebung mit gemusterten Platten eignen sich alle Plattentechniken.

1 Legen Sie helle und dunkle Tonwülste von unterschiedlicher Länge und Dicke in Spiralform nebeneinander.

3 Drücken Sie das zweifarbige Formgebilde mit dem Handballen flach.

4 Bevor Sie die Tonplatte gleichmäßig ausrollen, legen Sie eine dünne Plastikfolie darüber, damit die Formen nicht verschmieren.

2 Erweitern Sie das Muster durch verschieden geformte Wülste und flachgedrückte Kugeln.

5 Damit die Farben und das Muster klar hervortreten, reiben Sie das getrocknete Werkstück vor dem Brennen leicht mit Stahlwolle ab. Diese zweifarbige Schale entstand durch Überformen.

Röhren- und Kastengefäße

Die einfachste Hohlform, die Sie aus einer Tonplatte fertigen können, ist der Zylinder.

Formen Sie größere Zylinder, empfehle ich Ihnen, ein stützendes Hilfsmittel mit entsprechendem Durchmesser für eine Ummantelung zu verwenden, da größere Platten leicht unter ihrem Gewicht zusammensacken. Besonders gut eignen sich Papprohren. Da sie allerdings meist sehr fest sind und beim Schwinden des Tons nicht nachgeben, umwickeln Sie die Papprohre mit Schaumstoff oder mehreren Zeitungsbögen. Diese Hilfsmittel geben beim Schwinden nach; sie lassen sich beim »Schrumpfen« zusammendrücken.

Vor dem Brand müssen diese stützenden Hilfsmittel entfernt werden, da beim Brennen der durch sie entstehende Rauch den Heizspiralen schadet.

Zylindrische Vase mit Blattmotiv

Für das zylindrische Gefäß mit aufgesetztem Blatt bereiten Sie den Boden wie auf Seite 32 beschrieben vor. Stellen Sie die Tonplatte nicht auf, sondern außen an den Rand des Bodens, und drücken Sie mit den Fingerspitzen die Platte Zentimeter für Zentimeter gegen den Bodenrand. Dadurch werden Lufteinschlüsse vermieden.

Erst jetzt kürzen Sie die ummantelnde Platte um so viel, daß die Kanten 0,5 cm übereinanderliegen. Mit den Fingern und einem Holzrundstab (es kann auch ein Bleistift sein) drücken und verstreichen Sie die Überlappung auf gleiche Stärke. Um dem Rand dieses Zylinders einen Schwung nach außen zu verleihen, drücken Sie den Gefäßrand zwischen Daumen und Zeigefinger nach außen. Wiederholen Sie den Vorgang, bis die gewünschte Form erreicht ist.

Einen konisch gerollten Wulst drücken Sie flach und formen daraus ein Blatt. Die Rillen entstehen, wenn Sie mit einer Bleistiftspitze darüberziehen. Das Angarnieren erfolgt durch Aufrauhen, Schlickern und festes Andrücken.

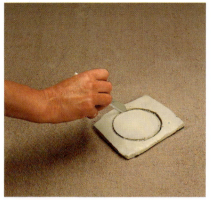

1 Aus luftfrei geknetetem Ton rollen Sie eine Platte aus und fertigen den Boden für das Gefäß.

3 Mit einem Holzrundstab verstreichen Sie die Nahtstelle im Inneren des Gefäßes.

2 Eine gleichmäßig starke Tonplatte drücken Sie fest an den Boden und verkürzen die ummantelnde Platte so, daß die Kanten 0,5 cm übereinanderliegen. Diese Nahtstelle außen am Gefäß mit den Fingern verstreichen.

4 Mit Daumen und Zeigefinger verleihen Sie dem Rand des Gefäßes einen Schwung nach außen.

Vase mit Blattmotiv | 51

5 Aus einem konisch gerollten Wulst formen Sie das Blatt. Die Rillen ziehen Sie mit einer Bleistiftspitze.

6 Die Ansatzstelle des Blattes wird mit einer Gabel aufgerauht und mit Schlicker bestrichen. Anschließend drücken Sie das Blatt fest an das Gefäß.

7 Die zylindrische Vase ist fertiggestellt und muß langsam trocknen. Nach dem Schrühbrand tragen Sie die Glasur auf.

8 Für ein zweifarbiges Gefäß glasieren Sie die Vase erst innen und außen; anschließend tragen Sie mit einem Pinsel transparente Glasur auf das Blattmotiv auf, die Farbe des Tons bleibt hier also erhalten.

Röhren- und Kastengefäße

Flügelvase

Die Flügelvase entsteht um eine Papprolle herum, die als Stütze während des Formungsprozesses dient. Ausgangsformen sind zwei rechteckige Tonplatten (wie gewohnt präpariert) und ein runder Tonboden, dessen Durchmesser dem der stützenden Rolle entspricht. Arbeiten Sie Boden- und Plattenteile nicht zu dünn, sonst verliert die Vase leicht ihren Stand.

Die beiden Platten werden an den Boden und um die Rolle herumgelegt und fest angedrückt. Die seitlich überstehenden Plattenteile drücken Sie fest zusammen und streichen die Lufteinschlüsse sorgfältig aus. So entsteht eine innige Verbindung der Einzelteile und gleichzeitig eine dekorative Riffelung, die den Flügelcharakter der Form unterstützt.

2 Die zweite Tonplatte legen Sie ebenfalls um die Rolle, drücken sie an den Boden und die überstehenden Teile fest zusammen. Eventuelle Leerstellen am Gefäßboden füllen Sie mit Ton auf.

3 Um Lufteinschlüsse auszuschließen, streichen Sie die überstehenden Teile nach außen und formen dabei gleichzeitig mit den Fingern die flügelähnliche Struktur.

1 Der Durchmesser der stützenden Papprolle bestimmt den Durchmesser des Bodens. Die Tonplatten legen Sie halb um die Papprolle und drücken sie fest an den Boden.

4 An dem fertigen Werkstück können Sie erkennen, daß die beiden seitlichen Flügel nicht gleichmäßig, sondern unregelmäßig gestaltet sind.

Flügelvase und Kräutergarten

Kräutergarten

Den Kräutergarten stellen Sie aus mehreren zylindrischen Gefäßen zusammen, die sich in Durchmesser und Höhe voneinander unterscheiden. Allerdings sollten alle Einzelgefäße die gleiche Wandstärke aufweisen. Bei unterschiedlicher Dicke der Gefäßwandungen könnten beim Trocknen oder beim Brennvorgang Spannungen entstehen, die ein Reißen des Gefäßes verursachen. Beim Aneinanderfügen der Einzelgefäße müssen Sie auf exaktes Andrücken an den Kontaktstellen achten, um Lufteinschlüsse zu vermeiden.

Die verschiedenen Gefäße sind mit Blattmotiven sowie einem kleinen Frosch dekoriert. Formen Sie diese Motive zunächst aus Wülsten, rauhen Sie die Ansatzstellen auf, bestreichen Sie sie mit Schlicker und drücken Sie die Motive zum Schluß fest an die Gefäße.

1 Bevor Sie die einzelnen Gefäße zusammenfügen, müssen Sie die Ansatzstellen aufrauhen und mit Schlicker bestreichen; dann fest andrücken.

2 Der Kräutergarten besteht aus fünf unterschiedlich hohen und breiten zylindrischen Gefäßen, die mit floralen Motiven und einem kleinen Frosch gestaltet wurden.

Rosenvase

Eine Formvariante des zylindrischen Gefäßes ist diese Trapezvase mit angesetzter Rose.
Aus luftfrei geknetetem und ausgerolltem Ton formen Sie nach den Maßen der untenstehenden Zeichnung einen Boden und eine trapezförmige Platte. Durch diese Form entsteht beim Herumlegen der Platte um den Boden ein ungleich hoher Gefäßrand. Die hochstehende Trapezecke bildet die Ausgangsform für das Blatt.
Zum An- und Festklopfen der Tonplatte an den Gefäßboden sowie der Nahtüberlappung verwenden Sie ein Klopfholz, mit dem Sie außerdem durch leichtes Klopfen an der Gefäßwandung Deformierungen korrigieren können und eine glatte Gefäßoberfläche erhalten (Leiste senkrecht halten).
Bei dieser Formmethode ist es besonders wichtig, daß Sie die Bodenfuge mit einem Teigschaber von den Seiten zur Mitte hin verstreichen. Biegen Sie jetzt mit leichtem Druck von Daumen und Zeigefinger den Gefäßrand nach außen. Durch Eindrücken und gleichzeitiges darüberziehen der flachgelegten Bleistiftspitze entstehen die Blattrippen. Mit der anderen Hand stützen Sie das Blatt während dieser Bearbeitung.
Für die Rose rollen Sie einen konischen Wulst dünn aus und legen einen Bogen. Formen Sie nun von der schmalen Seite her eine Rose. Das Ende der Blüte schneiden Sie mit einem Messer rund. Legen Sie die Blütenöffnung auf Ihren Handrücken und drücken Sie die Unterseite der Blüte zunächst zu einer stumpfen Spitze. Durch ein weiteres Drücken »wächst« ein Stiel, der an der Gefäßinnenwand angarniert werden kann, so daß die Blüte gemeinsam aus dem Gefäß herauswächst. Sie können die Rose aber auch an der Außenwand der Vase angarnieren.

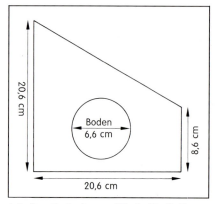

Arbeiten Sie Boden und Platte für die Vase nach den hier angegebenen Maßen.

3 Mit einem Teigschaber verstreichen Sie den Boden mit der ummantelnden Platte.

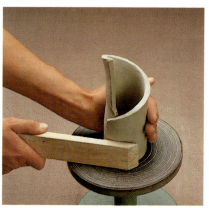

1 Klopfen Sie die Gefäßwand mit dem Klopfholz an den Boden.

4 Nehmen Sie die »Blattspitze« zwischen Daumen und Zeigefinger und biegen Sie sie nach außen. Die scharfe Kante glätten Sie mit einem feuchten Schwamm.

2 Nehmen Sie das Klopfholz senkrecht, und klopfen Sie leicht gegen die Wandung, um Unebenheiten auszugleichen.

5 Mit einer Bleistiftspitze »zeichnen« Sie die Blattrippen. Die andere Hand stützt die Blattspitze.

Rosenvase 55

6 Rollen Sie einen konischen Wulst dünn aus, biegen Sie ihn zu einem Bogen.

9 Drücken Sie die Unterseite der Blüte so lange, bis die Rose einen Stiel hat.

10 Verstreichen Sie den Stiel im Innern des Gefäßes.

7 Arbeiten Sie daraus die Rosenblüte, und schneiden Sie das Ende mit einem Messer rund.

8 Die Unterseite der Blüte formen Sie zu einer Spitze.

11 Sie können zusätzlich zwei kleinere Blätter an der äußeren Gefäßwand angarnieren.

Kastengefäß mit »Applikation«

Aus lederharten Tonplatten können Sie ein dekoratives und vielseitig verwendbares Kastengefäß herstellen.
Schneiden Sie sich aus vorbereitetem Ton jeweils zwei gleich große Platten für die Schmal- und Breitseiten und eine Bodenplatte zurecht. Genau zugeschnittene Papiermuster erleichtern Ihnen das Zuschneiden der gleich großen Platten. Bei Tongefäßen nicht wie bei Holzkästen auf Gehrung schneiden. – Lassen Sie die fünf Tonplatten lederhart antrocknen.
Die Zeichnung unten gibt Ihnen einen Überblick darüber, welche Kanten aneinanderstoßen, wo also aufgerauht und geschlickert werden muß. Bestreichen Sie bei der Bodenplatte alle vier aufgerauhten Ränder rundherum, bei den Breitseiten sind es die zwei äußeren Stoßkanten, die zwischen den beiden Schmalseiten stehen, und die Ansatzstelle für den Gefäßboden. Bei den Platten für die Schmalseiten schlickern Sie die drei Stellen, die sich mit den Breitseiten und der Bodenplatte berühren. Die Breite hängt von der Stärke der anstoßenden Platte ab.
Nach diesen Vorbereitungen beginnen Sie mit dem Zusammenbau des Kastens. Stellen Sie je eine Platte für die Schmal- und Breitseite an die Bodenplatte. Klopfen Sie nun mit dem Klopfholz so fest an die Verbindungen, bis der Schlicker herausquillt und die Platten eine innige Verbindung miteinander eingegangen sind.
Zur Stabilisierung des Gefäßes und als zusätzliche Verbindung müssen Sie auch bei dieser Vase – wie übrigens bei allen Gefäßen, die aus Platten hergestellt werden – zwischen den Nahtstellen mit dem Finger ein dünnes Tonwülstchen verstreichen.
Die beiden anderen Platten für die Schmal- und Breitseite bauen Sie nach dem gleichen Verfahren zusammen.
Kastengefäße lassen sich mannigfaltig in Größe und Form variieren. Sehr dekorativ sieht ein »stoffähnlicher« Überwurf aus einer sehr dünnen Tonplatte an einem Kastengefäß aus.

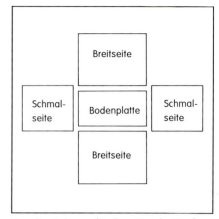

Hier das Schema für den »Zuschnitt« der Platten. Die Breitseiten haben die gleiche Länge wie die Bodenplatte. In der Höhe müssen Breit- und Schmalseiten identisch sein. Damit zum Schluß die Kanten gut verdeckt sind, gibt man an den Schmalseiten zweimal die Tonstärke zu.

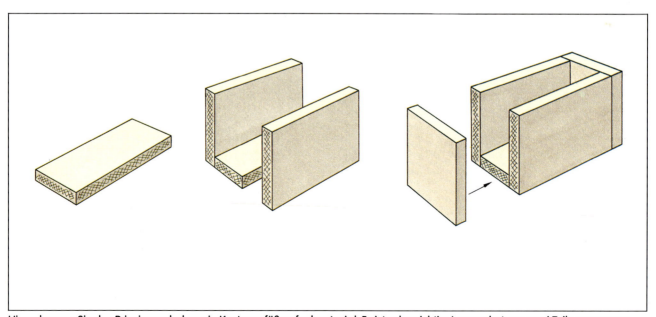

Hier erkennen Sie das Prinzip, nach dem ein Kastengefäß aufgebaut wird. Es ist sehr wichtig: Immer dort, wo zwei Teile zusammengefügt werden, müssen beide Flächen aufgerauht und mit Tonschlicker bestrichen werden. Für einen stabilen Zusammenbau ist es übrigens günstiger, zuerst zwei benachbarte Platten zu verbinden, so wie es die Fotos zeigen.

Kastengefäß mit „Applikation" 57

1 Nachdem beide Ansatzstellen aufgerauht und mit Schlicker bestrichen sind, drücken Sie zuerst eine Breitseite an.

4 Für den Überwurf strukturieren Sie eine sehr dünne Tonplatte so, daß die Oberfläche einem groben Stoff ähnelt.

5 Legen Sie sie locker zusammen, befestigen Sie sie am Rand und im Innern. Ziehen Sie markante Linien nach.

2 Mit einem Klopfholz klopfen Sie die Platten so fest aneinander, daß der Schlicker herausquillt.

3 Nachdem Sie zwei Platten festgeklopft haben, verstreichen Sie innen an den Nahtstellen ein dünnes Tonwülstchen.

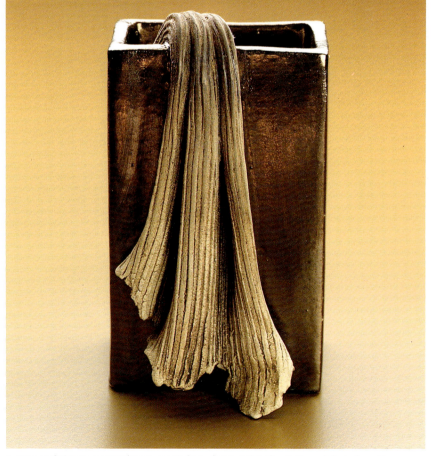

6 Das Gefäß innen mit Glasur ausgießen, dann außen begießen, dabei aber die »Applikation« aussparen. Anschließend auf die Dekoration Engobe auftragen und an den erhabenen Stellen mit einem Schwamm abwischen.

Plattentechniken: Galerie

An Hand dieser drei Beispiele erkennen Sie, welch vielfältige Möglichkeiten der Formgebung Ihnen das Arbeiten mit Platten ermöglicht.

Eine längliche Platte, die nicht rechteckig geschnitten war, bildete die Ausgangsform für diese Spiralvase.

Bei den zwei Vasen oben wurde die Glasur sehr dezent gehalten. Blickfang ist die deutlich betonte Verbindungsnaht.

Durchbrüche und kleine helle Schnecken machen dieses Kastengefäß interessant.

Deckelgefäße

Deckelvariationen

Deckel sollen ein Gefäß abschließen und den Inhalt vor äußeren Einflüssen schützen. Verschiedene Deckelformen (beispielsweise für Tee- oder Kaffeekannen) finden Sie auf Seite 43 beschrieben.

Auf dieser Seite sehen Sie, daß ein Deckel in Gestalt eines Hahnes oder eines Fisches eine Dose zu einem Objekt werden läßt. Das große Bild zeigt, wie aus einer schlichten Dose durch angarnierte Blumen und Blätter ein dekorativer Gegenstand werden kann.

Auf den folgenden beiden Seiten wird Schritt für Schritt die Formgebung einer Dose mit einem Deckel in Hühnergestalt erklärt.

Auch die Gestalt eines Fisches ist für ein Deckelgefäß geeignet.

Ein Deckelgefäß in Hühnerform

Florale Motive schmücken diese schlichte Dose. Die große Blüte dient als Knauf, mit dem man das Gefäß leicht öffnen und schließen kann.

Hühnerdose

Die Herstellung der hier gezeigten Dose erfordert Geduld und Zeit, denn es sind viele Arbeitsschritte notwendig. Lassen Sie sich jedoch nicht entmutigen; gehen Sie schrittweise nach den Bildern vor, dann ist Ihnen der Erfolg sicher.
Rollen Sie aus vorbereitetem Ton eine Platte aus, und schneiden Sie nach einem Papierschnitt die eiförmige Bodenform aus. Behalten Sie die Eiform stets vor Augen, denn aus dem Ei entwickelt sich der Vogel, und das Ei bestimmt auch entscheidend die Körperform aller Vogelarten.
Eine zweite Tonplatte – für die Körperhohlform – legen Sie um die Bodenplatte herum (zuvor wieder die Ansatzstellen aufrauhen und schlickern). Beide Teile müssen Sie fest aneinanderdrücken. Ein dünnes Tonwülstchen verstreichen Sie ohne Hohlräume im Innern zwischen Boden und Gefäßwand.
Mit einem Teigschaber, den Sie zwischen Zeigefinger und kleinem Finger (auf der unteren Seite) und dem Daumen (auf der oberen Schaberseite) leicht biegen, ziehen Sie, vom Boden ausgehend, die Körperrundungen aus der Platte heraus. Klappen Sie dann die Kanten etwa 0,5 cm übereinander, und verstreichen Sie die Naht gut. Mit einem Klopfholz bearbeiten Sie die Körperform so lange, bis sie gleichmäßig und glatt ist. Glattstreichen mit den Fingern ergibt zu viele Beulen.
Die Körperform schließen Sie mit Tonwülsten. Verleihen Sie Ihrem Huhn seine individuelle Gestalt: Modellieren Sie die Augen, den Kamm, Schnabel und die Kehllappen, und garnieren Sie diese Teile sorgfältig an.
Jetzt muß die Tierform ruhen, bis der Ton lederhart getrocknet ist. Erst in diesem Zustand können Sie die Form aufschneiden. Ein Holzstück oder ähnliches in der gewünschten Höhe erleichtert es Ihnen, die Hühnerform mit einem Messer auseinanderzuschneiden. Anschließend müssen Sie die Dose von innen ausarbeiten: Füllen Sie eventuell entstandene Hohlräume mit Ton aus, und glätten Sie die Innenseiten mit Hilfe eines Teigschabers.
Schneiden Sie einen Steg aus einer Tonplatte, setzen Sie ihn innen auf den aufgerauhten und mit Schlicker bestrichenen Deckelrand, und drücken Sie ihn fest an (siehe hierzu auch die Zeichnung auf Seite 43). Zur Stabilisierung verstreichen Sie ein dünnes Wülstchen zwischen Steg und Gefäßwand. Füllen Sie außerdem die Stellen nun mit Ton auf, die durch das Einarbeiten des Stegs dünner gedrückt wurden. Zum Schluß glätten Sie mit dem Finger die kleine Fuge, die die Auflagefläche des Deckels auf das Unterteil bildet.

1 Den Boden für die Hühnerdose schneiden Sie eiförmig aus einer Platte heraus.

3 Schlagen Sie die Platte überlappend zusammen, und verstreichen Sie die Naht. Mit einem Klopfholz werden Unregelmäßigkeiten ausgeglichen.

2 Drücken Sie die ummantelnde Platte fest an den Boden, und formen Sie den Tierkörper mit einem gebogenen Teigschaber.

4 Die Kopfform arbeiten Sie aus Tonwülsten. Modellieren Sie Schnabel, Kamm, Augen und Kinnlappen.

Hühnerdose 61

5 Das lederhart getrocknete Gefäß wird mit einem Messer geteilt. Ein Holzstückchen oder ähnliches erleichtert das exakte Aufschneiden.

8 Ein Tonwülstchen – zwischen Gefäßwand und Steg verstrichen – sorgt für die notwendige Stabilität.

9 Zum Schluß streichen Sie mit dem Finger die Auflagefläche des Deckels glatt. Damit die Form nicht überladen wirkt, empfiehlt sich eine schlichte Bemalung.

6 Die beiden Teile werden innen bei Bedarf mit Ton ausgebessert und mit einem Teigschaber geglättet.

7 Einen Tonsteg drücken Sie fest an den vorbereiteten Deckelrand.

10 Das fertige Objekt: Wenn Sie sich an dem hier gezeigten Ablauf orientieren, gelingt Ihnen bestimmt ein ebenso schönes Objekt.

Kugelgefäße

Das Ein- und Überformen

Bereits die präkolumbianischen Töpfer verwendeten Formmulden (Schalen) und Buckel (Kugeln und Bälle) als Hilfsmittel zum Ein- und Überformen. Die Kugelform ist keine industrielle Erfindung, vielmehr stellt das Ein- und Überformen mit Hilfe von Buckeln und Mulden eine bewährte Methode dar, um klassische Grundformen rasch und einfach herzustellen.

Verwenden Sie zum Ein- und Überformen saugfähige Gipsformen, oder legen Sie zwischen Formling und dem feuchten Ton ein textiles Gewebe – das erleichtert das Ablösen des Tons vom Formling. Für runde Gefäße verwende ich eine mit einem Nylonstrumpf überzogene Styroporkugel.

Kugelvase mit floralem Motiv

Die Kugel als archaische Urform bietet unzählige Möglichkeiten der Gefäßgestaltung. Die Styroporkugel, die bei der Kugelvase als Formungshilfe dient, garantiert Ihnen auf einfache Weise und ohne langwieriges Aufbauen eine einwandfreie geometrische Gefäßform. Damit der Ton nicht an der Kugel klebt, überziehen Sie sie mit einem alten Nylonstrumpf, dessen Enden Sie auf der gegenüberliegenden Seite der Kugel verknoten.

Während Sie die Kugelvase formen, benutzen Sie als Auflage zum Beispiel eine Blechdose, deren Durchmesser etwas kleiner ist als der Kugeldurchmesser. Legen Sie eine ausgewalzte Tonplatte über die glatte Kugeloberfläche, und drücken Sie den Ton fest um die Kugel herum. Glätten Sie die Tonmasse mit einem Teigschaber.

Mit einem Messer oder der geraden Schneidkante des Teigschabers trennen Sie die überhängenden Tonränder gleichmäßig ab. Drücken Sie während des gesamten Schneidevorgangs mit der Hand in Richtung Kugelmitte. Drehen Sie die Kugel zusammen mit der Dose, und halten Sie das Schneidwerkzeug ruhig in der Hand.

Lösen Sie die Halbkugel von der Formungshilfe, indem Sie die Styroporkugel am Knoten des Nylonstrumpfes herausziehen. Auf gleiche Weise stellen Sie die zweite Kugelhälfte her. Lassen Sie beide Hälften lederhart trocknen. Jetzt rauhen Sie mit der Gabel oder ähnlichem die Ränder auf und bestreichen sie mit Schlicker. Drücken Sie beide Kugelhälften so fest zusammen, daß der Schlicker herausquillt. Legen Sie die Kugel auf die Dose, und bearbeiten Sie die Quetschnaht mit einem Klopfholz.

Aus einem Tonsteg formen Sie einen zylindrischen Hals für die Vase. Schneiden Sie in die Tonkugel eine Öffnung, deren Durchmesser dem des zylindrischen Halses minus Tonstärke entspricht. Rauhen Sie die Ansatzstellen am Gefäß sowie den unteren Rand des leicht nach außen gebogenen Halses auf und bestreichen Sie sie mit Schlicker. Drücken Sie den Hals fest an, und verstreichen Sie die Nahtstellen innen und außen. Mit einem dünnen Tonwülstchen füllen Sie eventuell entstandene Druckstellen am Gefäß auf.

Formen Sie aus flachgedrückten Tonwülsten ein Blatt oder eine Blüte mit Stiel, die Sie an die Kugelvase angarnieren.

1 Drücken Sie eine Tonplatte um eine Styroporkugel, und glätten Sie die Oberfläche mit einem Teigschaber.

2 Trennen Sie den unteren Rand gleichmäßig ab, indem Sie die Kugel mit der Dose langsam drehen.

3 Wenn beide Kugelhälften lederhart getrocknet sind, rauhen Sie die Ansatzstellen auf und schlickern sie.

Kugelvase mit floralem Motiv | 63

4 Drücken Sie beide Hälften so fest zusammen, daß der Schlicker herausquillt.

7 Die Ansatzstellen müssen Sie wieder aufrauhen, schlickern und den Hals fest andrücken und verstreichen.

8 Eventuelle Unebenheiten am Gefäß gleichen Sie mit dünnen Tonwülsten aus, die gut verstrichen werden müssen.

5 Mit einem Klopfholz bearbeiten Sie die Quetschnaht so lange, bis die Kugel rundherum glatt ist.

6 Formen Sie den Hals der Vase aus einem Steg. Zwei Leisten helfen, ihn gleichmäßig dick auszuwalzen.

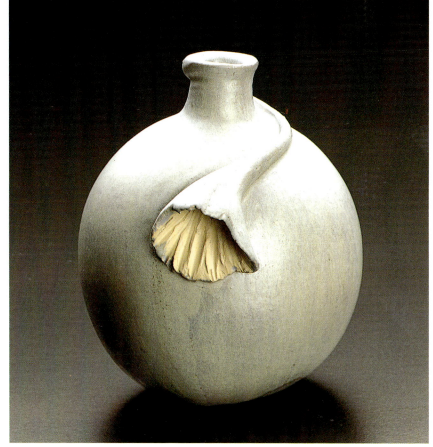

9 Die Kugelvase können Sie zusätzlich mit einem floralen Motiv – einem Blatt oder einer Blüte – gestalten.
Der Boden wird bei Kugelvasen leicht flachgeklopft.

Überformte Schale mit Fuß

Die auf dieser Seite vorgestellte Schale mit Fuß ist vielseitig verwendbar.
Sie beginnen wie immer mit dem Auswalzen einer Platte aus luftfrei geknetetem Ton. Die Platte sollte etwa 8 bis 10 mm stark sein. Legen Sie diese Tonplatte über die mit einem Nylonstrumpf bezogene Styroporkugel, und drücken Sie sie fest an. Den überhängenden Rand schneiden Sie gleichmäßig ab. (Vergleichen Sie hierzu die Beschreibungen auf den Seiten 62/63.)
Jetzt ziehen Sie den Gefäßrand mit dem Daumen dünn aus. Wie bei der Kugelvase auf den vorherigen Seiten beschrieben, formen Sie einen Tonsteg, schließen ihn zu einem Zylinder und garnieren ihn in der Mitte der geschlossenen Kugelwölbung an.
Heben Sie die Schale vom Dosenrand ab, und ziehen Sie mit dem Strumpfende die Styroporkugel vorsichtig aus der Form heraus. Während eine Hand den Gefäßrand stützt, riffeln Sie mit den Fingerkuppen der anderen Hand die Innengefäße des unregelmäßig gezackten, welligen Gefäßrandes.

2 Nachdem Sie den Fuß angarniert haben, heben Sie das Gefäß von der Dose und ziehen die Styroporkugel aus dem Gefäß.

3 Während eine Hand den Rand stützt, riffeln Sie mit den Fingerkuppen der anderen Hand den Rand.

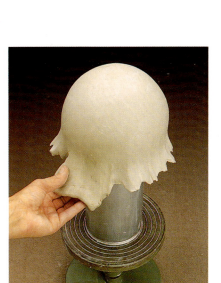

1 Drücken Sie eine nicht zu dünne Tonplatte um die Styroporkugel herum.

4 In diesem praktischen Gefäß können Sie sowohl Obst und Gebäck servieren als auch Pflanzen dekorieren.

Schale mit Durchbruchmuster

Um eine Schale (oder auch einen Lampenschirm) mit einem Durchbruchmuster zu versehen, benötigen Sie ein Werkzeug, das Sie sich leicht selbst herstellen können: Stecken Sie eine Stopfnadel mit dem Öhr in einen Flaschenkorken; die Nadelspitze benutzen Sie zum Schneiden.

Für eine überformte Schale mit Fuß und Durchbrüchen präparieren Sie den Ton wie bereits beschrieben. Walzen Sie eine nicht zu dünne Platte aus, formen Sie sie über einer Styroporkugel, garnieren Sie den Fuß an und lassen Sie das Gefäß lederhart trocknen, bevor Sie die Durchbrüche ausschneiden.

Wählen Sie für den Anfang ein nicht zu filigranes Muster. Arbeiten Sie mit einer Papierschablone; sie ermöglicht das Anprobieren und gewährleistet das exakte Anordnen periodisch wiederkehrender Motive auf der Gefäßoberfläche. Ritzen Sie Ihr Motiv anschließend mit der Bleistiftspitze in die Gefäßoberfläche.

Stechen Sie nun mit Ihrem neuen Werkzeug durch die Gefäßwand und greifen Sie die Nadelspitze mit der anderen Hand. Jetzt führen beide Hände parallel die Schneidbewegung entlang der Vorzeichnung aus.

Säubern Sie die Schneidkanten zunächst mit einem trockenen Borstenpinsel. In einem zweiten Arbeitsgang runden und glätten Sie die Schneidkanten mit einem feuchten Pinsel.

Mit Ihrem selbstgefertigten Werkzeug schneiden Sie das zuvor aufgezeichnete Muster aus.

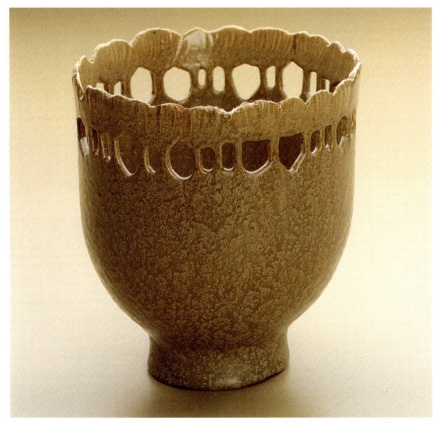

Wenn Sie diese Schale genau betrachten, erkennen Sie, daß die Stege Baumstämme und die obere Kante Baumkronen darstellen.

66 Kugelgefäße

Vogelschale und Vogelkrug

Mit nur wenigen Veränderungen entsteht aus einer überformten Schale (deren Herstellung auf den vorangegangenen Seiten beschrieben wurde) eine Vogelschale. In der Zeichnung wird der Arbeitsgang mit dem zusätzlichen Angarnieren von Kopf, Flügeln und Schwänzchen angedeutet.

Eine Formvariante von überformten Kugelgefäßen stellen die beiden Vogelkrüge dar. Der Schnabel ist bei diesen Gefäßen als Gießer gearbeitet.

Die Grundform der Vogelschale ist eine überformte Halbkugel mit angarniertem Kopf, Flügeln und Schwanz.

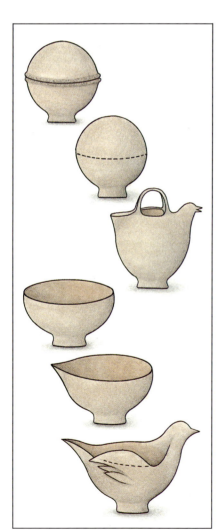

An Grundformen werden Teile angarniert.

Die beiden Vogelkrüge arbeiten Sie aus zwei überformten und zusammengesetzten Halbkugeln.

Vogelschale, -krug und Käseglocke

Käseglocke mit Maus

Für eine Käseglocke formen Sie eine Halbkugel, wie auf den Seiten zuvor beschrieben. Die kleine Maus, für die der Käse stets unerreichbar bleibt, erfüllt zwei Funktionen: Sie schmückt die Glocke und erleichtert das Hochheben. Ein solches Nagetier ist schnell modelliert. Bringen Sie eine kleine Tonkugel in Tropfenform. Aus zwei kleineren Kugeln formen Sie ebenso die Ohren, die anschließend flachgedrückt werden. Für den Mäuseschwanz brauchen Sie ein langes, dünnes Tonwülstchen. Anschließend rauhen Sie die Ansatzstelle von Maus und Gefäß auf, tragen den Schlicker auf und drücken die Teile fest zusammen. Verstreichen Sie sorgfältig die Nahtstellen, und vermeiden Sie Lufteinschlüsse, damit weder Gefäß noch Maus beim Trocknen und Brennen reißen oder abplatzen.

1 Die kleine Maus für die Käseglocke modellieren Sie aus vier Tonteilen.

2 Die Maus als Griff muß sorgfältig angedrückt und verstrichen werden.

3 Die Käseglocke ist fertig modelliert und glasiert. Die Maus – schmückendes Element und notwendiger Griff zugleich – bekommt eine andersfarbige Glasur, damit sie sich von der Grundform abhebt.

Ideen für die Wand

Bei den bisher vorgestellten Objekten handelte es sich um Hohlformen, um Gefäße, die man hinstellt und von allen Seiten betrachten kann. Anders sieht es bei Dingen aus, die für die Wand gedacht sind. Häufig arbeitet man sie von einer Fläche ausgehend, mal mehr, mal weniger plastisch gestaltet. Sie haben daher meistens nur eine Schauseite, die dem Betrachter zugewandt ist.

Ob Sie nun dekorative oder künstlerische Bilder für die Wand aus Ton herstellen, zum Beispiel Reliefs, oder ob Sie etwas Nützliches gestalten wollen – viele der bisher vorgestellten Techniken können Sie hier anwenden. Lassen Sie Ihrer Phantasie freien Lauf!

Reliefs

Relieftechniken

Ein Relief ist eine plastische Darstellung auf einer Fläche, ein erhöhtes, plastisches Bild. Plastische Flächen können jedoch auf dreidimensionalen Werkstücken oder Objekten angebracht werden. Die traditionelle historische Relieftechnik (Antike und Renaissance) wird auch heute noch in den verschiedensten Variationen angewendet. Wir unterscheiden zwischen dem Flach- und dem Hochrelief.

Das **Flachrelief** ist eine plastische Darstellung auf einer Fläche mit Erhöhungen und Vertiefungen, jedoch ohne Überschneidungen. Die Sgraffito-, Ritz-, Kerbschnitt-, Stempel- und Rollsiegeltechnik sind typische Negativrelieftechniken für Flachreliefs.

Das **Hochrelief** ist ebenfalls eine plastische Darstellung auf einer Fläche, jedoch mit stärkeren Erhöhungen und Vertiefungen, häufig sogar Unter- und Überschneidungen, meist untergriffigen Formen (Positivrelief). Die Weiterentwicklung führt hin zur Vollplastik, sie hat im Gegensatz zum Relief mehrere Schauseiten.

Die plastische Gestaltung kann in den verschiedensten Techniken ausgeführt werden, beispielsweise durch Reliefauflagen: ausgeschnittene Formen, verschieden starke Wülste und Stege, plastische, strukturierte Formteile – Ihrer Phantasie sind keine Grenzen gesetzt. Achten Sie dabei aber immer auf eine sachgerechte Verarbeitung.

Flachrelief – ein Nilpferd

Der hier gezeigte Wandschmuck mit dem Nilpferdmotiv ist ein Flachrelief. Es weist keine Überschneidungen und untergriffige Formen auf. Ein solches Relief wird im subtraktiven Verfahren, also durch Wegnehmen, hergestellt. Das ist ganz einfach.

Walzen Sie eine dicke Platte aus luftfrei geknetetem Ton aus. Wenn Sie nicht ganz sicher im Zeichnen sind, skizzieren Sie sich Ihr Motiv auf einem Blatt Papier. Diese Zeichnung können Sie jetzt so lange auf der Tonplatte hin- und herschieben, bis das Motiv an der Stelle sitzt, die Ihnen am besten gefällt.

Drücken Sie die Zeichnung mit Hilfe eines stumpfen Stiftes (Nagel, Kugelschreibermine oder ähnliches) mit leichtem Druck auf die Oberfläche der Platte. Jetzt beginnen Sie, den Ton spanweise mit einer Schlinge um die eingedrückte Kontur herum abzutragen. Dieses Abtragen hinterläßt durch das spanabhebende Werkzeug eine lebendige Oberflächenstruktur. Falls Sie jedoch eine glatte Fläche wünschen, glätten Sie die Unebenheiten mit einer Ziehklinge oder einem Schaber.

Das Abrunden der Kanten und Aufmodellieren von kleinen Tonwülstchen mit dem Zeigefinger erhöht die plastische Wirkung Ihres Reliefs. Achten Sie aber darauf, daß alle aufgelegten Tonwülstchen flächig, also formübergehend und luftfrei verstrichen werden, damit später nichts abplatzen kann.

1 Ritzen Sie Ihr Motiv direkt auf die Tonplatte, oder übertragen Sie es durch leichten Druck mit einem stumpfen Stift von einer aufgelegten Papierzeichnung auf die Platte.

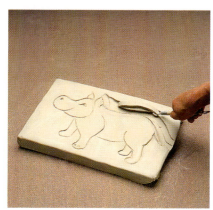

2 Nachdem Sie das Motiv auf die Tonplatte übertragen haben, heben Sie den überschüssigen Ton mit Hilfe einer Schlinge entlang der Kontur ab.

Flachrelief – ein Nilpferd 71

3 Die von der Schlinge verursachte Werkspur hinterläßt eine lebendige Oberflächenstruktur.

5 Mit Hilfe kleiner dünner Tonwülstchen modellieren Sie hervorzuhebende Partien des Motivs.

6 Damit die angarnierten Formteile beim späteren Trocknen und Brennen nicht reißen, müssen Sie Lufteinschlüsse durch sorgfältiges Verstreichen vermeiden.

4 Sie können die Oberfläche jedoch auch mit einem Schaber glätten.

7 Sie erhöhen die Plastizität des Motivs, indem Sie durch andersfarbigen Hintergrund das Motiv hervorheben.

Kombiniertes Hoch-Flach-Relief

Das hier abgebildete geometrische Relief entstand durch Hinzufügen und Wegnehmen, also im additiven und subtraktiven Verfahren.
Wie gewohnt walzen Sie sich aus luftfrei geknetetem Ton eine dicke Platte aus. Die einzelnen Teile garnieren Sie wieder durch Aufrauhen der Ansatzstellen, Schlickern, Drücken und Klopfen an.
Das Angarnieren geometrischer Formteile, das Wegnehmen der Tonmasse und das Eindrücken eines Musters, beispielsweise mit einem Kantholz (Lineal oder ähnliches), bieten Ihnen unbegrenzte Möglichkeiten für eine rhythmisch gegliederte Gestaltung. Mit Hilfe dieser Technik können Sie nützliche und schöne reliefartige Objekte für die Wand modellieren.

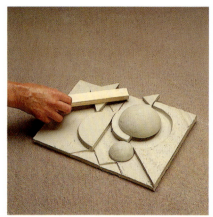

2 Mit einem Klopfholz werden die einzelnen Formen fest an die Tonplatte geklopft.

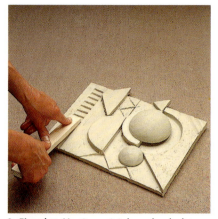

3 Einzelne Muster entstehen durch das Eindrücken eines Kantholzes oder eines anderen beliebigen Werkzeugs.

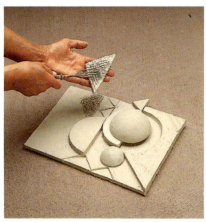

1 Auch bei einem Relief müssen Sie die einzelnen Teile aufrauhen, mit Schlicker bestreichen und fest andrücken, damit eventuell vorhandene Lufteinschlüsse ausgeschlossen werden.

4 Durch verschiedenfarbiges Glasieren können Sie die Wirkung des Reliefs unterstreichen.

Nützlich und dekorativ

Max und Moritz – ein Utensilo

Ordnung halten macht Kindern im allgemeinen keinen Spaß. Sie werden sehen, wie schnell dieses Problem aus der Welt geschafft ist, wenn zwei so muntere Gesellen wie Max und Moritz als eine Art Utensilo ihren Dienst tun. Kopieren Sie sich Max und Moritz nach der Zeichnung, und vergrößern Sie sie, beispielsweise mit einem Fotokopiergerät. Übertragen Sie die Umrisse auf leichte Pappe.

Nachdem Sie sich aus präpariertem Ton eine dicke Platte ausgerollt haben, legen Sie die ausgeschnittene Max-und-Moritz-Schablone auf und schneiden Sie die Grundform aus. Dann folgt die Ausgestaltung der Köpfe, indem Sie dünne Tonwülstchen und Tonstreifen nach dem Aufrauhen und Schlickern der Ansatzstellen angarnieren. Alle aufgesetzten Teile müssen Sie gut festdrücken oder festklopfen und gründlich verstreichen.

Die beiden Lausbuben besitzen Haken für Handtuch und Waschlappen (oder Taschen und Kleidungsstücke). Die Brusttaschen des zweiten Lausbuben können zusätzlich Zahnbürste und Zahnpasta (oder Stifte, Kleber, Schere und anderes) aufnehmen.

Kopieren Sie sich Max und Moritz, vergrößern Sie die Zeichnung und schneiden Sie die Umrisse aus leichter Pappe aus.

Das Max-und-Moritz-Relief sorgt im Kinderzimmer oder im Badezimmer durch vier »Knopfhaken« und zwei Brusttaschen für Ordnung.

Dekorative Seifenschale

Die Zeichnung gibt Ihnen die Größe der Bauteile für die Seifenschale an. Legen Sie die beiden vorbereiteten und zugeschnittenen Tonplatten so aufeinander, daß der schmale Streifen im schrägen Winkel wie ein leicht gewölbter Bauch nach vorn steht.
Zum Stützen und zur Stabilisierung der Wölbung verwenden Sie etwas zusammengeknülltes Zeitungspapier. Zuerst verbinden Sie jedoch die Nahtstelle zwischen den gewölbten Streifen und der Rückwand der Seifenschale mit einem kleinen Tonwulst, den Sie innen mit dem Finger verstreichen. Die kleinen Einbuchtungen am Rand der Schale entstehen, indem Sie eine Bleistiftspitze in gleichmäßigem Abstand eindrücken. Die Abtropflöcher am Boden der Seifenschale bohren Sie mit der Bleistiftspitze in die Mitte der Schalenwölbung. Die Ränder werden anschließend sauber verstrichen. Auf die gleiche Weise entsteht das Loch für die Aufhängung der Schale in der Mitte der Rückwand. Blumen, Vögel und Blätter modellieren Sie aus verschieden großen Tonkugeln (siehe auch Seite 75–77). Die Ansatzstellen werden wieder aufgerauht und mit Schlicker bestrichen, bevor Sie die Motive fest andrücken.

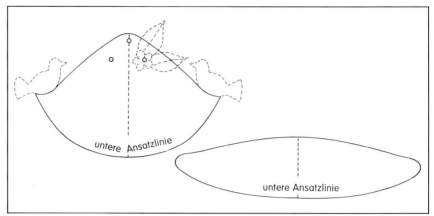

Nach diesen Maßen schneiden Sie sich die beiden Teile für die Seifenschale aus einer Tonplatte zu.

Um eine solche Seifenschale herzustellen, brauchen Sie etwas Geduld beim Modellieren der Vögel, Blumen und Blätter. Die Grundform der Schale besteht aus zwei Teilen.

Seifenschale und Haken | 75

Haken für Küche und Bad: Blüten, Fische, Schmetterlinge

Für Ihr eigenes Heim, aber auch zum Verschenken haben Sie schnell dekorative Haken für Küche und Bad gearbeitet.

Für die Blütenhaken klopfen Sie einen konischen Wulst am dicken Ende mit der Hand flach. Eine gleichmäßig starke Tonrolle schneiden Sie in sechs bis acht gleich große Teile. Rollen Sie diese Tonstückchen zu Kugeln und formen Sie Tropfen, die Sie zwischen Daumen und Zeigefinger flachdrücken. Die Blütenblätter ordnen Sie kreisförmig auf dem Stiel an. Die Ansatzstellen werden aufgerauht und mit Schlicker bestrichen, bevor Sie die Blütenblätter fest andrücken und verstreichen.

Eine weitere Reihe kleinerer Blütenblätter drücken Sie sorgfältig in die Zwischenräume der Blattrosette. Zum Schluß formen Sie das untere Ende des Stiels zum Haken.

Für die Fischhaken ritzen Sie das Motiv in eine Tonplatte und schneiden Sie die Fischform aus. Wenn Sie nicht sicher im Freihandzeichnen sind, fertigen Sie sich eine Schablone aus leichter Pappe. Den Fischkörper können Sie vielfältig gestalten: beispielsweise durch das Eindrücken von Mustern, durch Einritzungen und Stempeln, sowie durch Bemalen. Die Bauchflosse formen Sie zum Schluß zum Haken.

Eine besonders hübsche Variante in Gestalt und Ausschmückung ist ein Schmetterlingshaken. Seine reliefartige Struktur erhält er durch kleine angarnierte Tonwülstchen und Tonkugeln. Alle aufgelegten Teile müssen durch Aufrauhen, Schlickern und festes Andrücken miteinander verbunden werden.

1 Drücken Sie das dicke Ende eines konischen Wulstes flach, schneiden Sie eine gleichmäßige Rolle in etwa acht Teile.

1 Einen Haken in Fischform gestalten Sie durch eingedrückte und eingeritzte Muster.

2 Für die Blütenblätter rollen Sie kleine Tonkugeln, die, in Tropfenform gebracht, anschließend flachgedrückt werden.

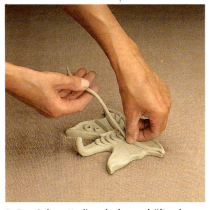

2 Der Schmetterlingshaken erhält seine reliefartige Struktur durch Wülste und Kugeln.

3 An den Blütenstiel können Sie zusätzlich ein oder zwei Blätter angarnieren. Der Haken wird aus dem Stielende gebogen.

3 Diese hübschen Haken passen in jede Küche und in jedes Badezimmer – und sie sind leicht herzustellen.

Reliefs: Galerie

Flach-, Hoch- und kombinierte Flach-Hoch-Reliefs eignen sich sehr gut als Wandschmuck, wie die Beispiele auf diesen beiden Seiten zeigen.

Wichtig bei der Herstellung von Reliefs ist, daß Sie absolut luftfrei gekneteten Ton verwenden und daß Sie das Relief langsam trocknen lassen. Auf Seite 16 ist beschrieben, wie durch verschiedene Hilfsmittel das Hochwölben der Kanten verhindert werden kann. Sollte Ihnen wirklich einmal ein Stück reißen, so können Sie den Riß ausbessern oder unsichtbar erscheinen lassen.

Auf dem neutralen Hintergrund mit etwas Spitzenstruktur kommen die Formen und Farben des Eisbechers gut zur Geltung.

Rauhe Strukturen dunkel gefärbt, bilden mit dem glatten Hintergrund und den Halbkugeln einen spannungsvollen Kontrast.

Abdrücke mit den verschiedensten Materialien geben dem Relief den lebendigen Charakter.

Galerie 77

Links wurde das Spiel mit geometrischen Elementen zum Ausgangspunkt gewählt. Die Flächen wurden durch Einritzen oder durch parallele Wellen lebendig, die Kugeln bilden dazu einen Gegensatz.

Der goldene Rahmen hält das Relief optisch gut zusammen, weil er die Farbe der zwei Kugeln wieder aufnimmt.

Rauhes und Glattes, Helles und Dunkles, Gerades und Rundes, Großes und Kleines – aus solchen Gegensatzpaaren kann man ein interessantes Relief entwickeln.

Glossar

Abrollen
Die Glasur rollt beim Brand ab und haftet nicht auf der gesamten Scherbenoberfläche nach dem Brand. Ursache sind meist Staub- und Fettspuren auf der zu glasierenden Scherbenoberfläche oder eine falsche Zusammensetzung des Glasurschlamms.

Additive Aufbautechnik
Formgebungsmethode, bei der von Hand unterschiedliche »Bauelemente« zusammengefügt werden (Tonwülste, Stege, Kugeln, kleine Plattenteile und ähnliches).

Angarnieren
Verbinden von verschiedenen Tonteilen durch An-, Auf- oder Zusammensetzen. Voraussetzung dafür, daß die Teile gut aneinanderhaften und eine »Einheit« entsteht, ist ein möglichst gleichmäßiger Feuchtigkeitsgrad und ein festes, sorgfältiges Andrücken der Teile.
Als Bindemittel zwischen den Teilen dient der Tonschlicker (Kleber). Er wird auf die aufgerauhten Stellen aufgetragen und wirkt an den Ansatzstellen nicht nur verklebend, sondern auch feuchtigkeitsausgleichend. Um eine innige Verbindung herzustellen, drücken Sie die Teile so fest zusammen, daß der Tonschlicker herausquillt.

Aufbautechnik
Formgebungsmethode mit Wülsten, Stegen, Tonplatten usw., von Hand und nicht maschinell durchgeführt.

Aufglasurfarben
Keramische Farben, die meist auf eine weiße, bereits ausgeschmolzene Zinnglasur nach dem Glasurbrand aufgemalt werden. Unter Verwendung von ätherischen Ölen wie Nelken-, Lavendel- oder Fenchelöl und durch Benzol, Petroleum oder Kolophonium erzielt man eine bessere Haftfähigkeit auf der glatten Glasuroberfläche. In einem dritten Brand zwischen 700 und 900° C verbinden sich die Schmelzfarben durch Verglasung.

Blätterstock
Luftfrei gekneteter Tonblock, von dem man mehrere Tonplatten (»Blätter«) abschneiden kann.

Braunstein
Verwitterungsprodukt verschiedener Manganminerale. Braunstein eignet sich gut zum Einfärben reliefartiger Oberflächen.

Brennfarbe
Farbe des Tons nach dem Brand. Eine Differenzierung der Farbskala kann durch Temperaturschwankungen und die Ofenatmosphäre entstehen.

Brennhilfsmittel
Über die Brenntemperatur hinaus hitzebeständige Platten, Stützen und Brennfüßchen, die sowohl im Schrüh- als auch im Glattbrand bei der Ofenbestückung benötigt werden.

Daumentechnik
Herstellungsmethode für kleine Gefäße, die in der Hand geformt werden. Der Daumen erweitert dabei allmählich den Hohlraum.

Dekor
Schmückende Gestaltung von Oberflächen (grafisch, malerisch, plastisch).

Durchbruchkeramik
Keramik, in die in lederhartem Zustand Durchbrüche geschnitten werden, die netz- oder gitterartig, aber auch figürlich gestaltet sein können.

Einformen
Hilfreiche Formgebungsmethode, bei der man Ton(platten) in Hohlräume drückt (Schalen und ähnliches).

Engobe
Aufgeschlemmter, schlickiger Ton von unterschiedlicher Färbung. Durch Zugabe von metallischen Oxiden kann die Farbskala erweitert werden. Engoben finden bei der Oberflächengestaltung von keramischen Werkstücken Verwendung.

Farbkörper
Metallische Oxide, die zum Einfärben von Engoben und Glasuren verwendet werden.

Fayencefarben
Sie werden auf die noch nicht glattgeschmolzene, ungebrannte trockene Glasuroberfläche aufgemalt. Um eine bessere Haftung zu erreichen, kann Malöl (ätherische Öle) oder eine Dextrinlösung beigemischt werden. Beim Ausschmelzen sinkt die Glasur in die Oberfläche ein.

Fayencen
Tonwaren mit weißdeckender Zinnglasur und bunter Malerei. Ursprungsgegend: Faenza (Italien).

Fetter Ton
Sehr glatter, feinkörniger, hochplastischer Ton. Wegen seiner relativ großen Schwindung, seiner Neigung zu Rissebildung und zum Verziehen, ist er nicht für alle Formgebungsmethoden geeignet. Durch Zusatzmittel kann man ihn magern.

Feuerfest
Beständigkeit im Feuer und bei Hitze bei keramischen Produkten, zum Beispiel feuerfestes Kochgeschirr.

Fladern
Musterung durch gleichzeitiges Verarbeiten von ähnlichen Tonmassen in verschiedenen Farben. Von einem mehrfarbig geschichteten Block lassen sich für die Weiterverarbeitung Platten schneiden.

Fritten
Ein gebranntes, wieder fein vermahlenes Glasurrohstoffgemenge. Durch das Vorbrennen werden alle wasserlöslichen und giftigen Rohstoffe im Glasurschlamm unlöslich und ungiftig.

Gitterkeramik
siehe Durchbruchkeramik

Glasieren
Verfahren des Glasurauftrags: Gießen, Tauchen, Spritzen, Malen.

Glasur
Glasartiger Überzug auf keramischen Oberflächen durch Aus- und Aufschmelzen von mineralischen Rohstoffen wie Glasbildner, Flußmittel, Mattierungsmittel, Trübungsmittel, färbende Oxide und so weiter.

Glattbrand
Glasurbrand: Die aufgebrachte Glasur wird glattgeschmolzen.

Haarrisse
Sie treten beabsicht als Gestaltungselement bei Craquelé-Glasuren und unbeabsichtigt auf Glasuroberflächen in Erscheinung. Ursache dieser netzartigen Rissebildung ist ein unterschiedlicher Ausdehnungskoeffizient zwischen Scherben und Glasur.

Irdenware
Niedrig gebrannte Tonware von poröser und wasserdurchlässiger Beschaffenheit und unglasierter Oberfläche.

Kerbschnitt
Dekortechnik zur Erzielung reliefartiger Oberflächen. Mit dem Messer werden Kerben aus dem weichen Ton, der nicht zu dünn sein sollte, herausgeschnitten.

Knibistechnik
Dekortechnik zur Erzielung reliefartiger Oberflächen. Mit Holzleisten werden rhythmische Ornamente in den weichen Ton gedrückt.

Lederhart
Zustand des Tons vor dem Austrocknen, mit einer Restfeuchtigkeit in der Masse bei Plastizitätsverlust. Lederharter Ton läßt sich noch schneiden.

Magerer Ton
Wenig plastischer Ton mit rauher, stumpfer Oberfläche und geringer Schwindung; für Aufbau- und Tonplattentechnik geeignet.

Magerungsmittel
Sie werden dem hochplastischen, fetten Ton beigemengt, um Schwindung und Rissebildung und ein Verziehen zu vermeiden. Schamotte, Quarzsand, Ziegelmehl, Torf, Kleie und so weiter sind die gängigsten Magerungsmittel.

Glossar 79

Marmorieren
Ineinanderkneten ähnlich beschaffener, aber verschiedenfarbiger Tone. Nach dem Trocknen des Werkstücks schleift man die Oberfläche mit Sandpapier ab, damit das Muster klarer wird.

Plastischer Ton
Idealzustand der Tonmasse für alle Aufbau- und Modelliertechniken. Klebt und reißt nicht.

Plattentechnik
Aufbautechnik mit Hilfe von Tonplatten in weichem und lederhartem Zustand.

Porzellanmasse
Gegenüber anderen keramischen Massen hat sie einen höheren Kaolin- und Feldspatanteil. Sie kann deshalb höher und härter gebrannt werden.

Relieftechnik
Oberflächenbearbeitung zur Erzielung einer plastischen Wirkung durch Eindrücken, Ritzen, Abtragen von Ton und anderen Verfahren. Je nach Oberflächenbewegung entsteht aus der Fläche eine immer räumlicher werdende Gestaltung.

Ritztechnik
Relieftechnik zur Erzielung linearer Dekore und Darstellungen durch Einritzen in die noch nicht lederharte Oberfläche.

Rohbrand
siehe Schrühbrand

Rollsiegel, Rollstempel
Hilfsmittel zur Gestaltung reliefartiger Oberflächen. Die zylindrische Walze, eventuell mit Längsbohrung für eine Achse, die das Abrollen erleichtert, weist Motive mit Vertiefungen (wie beim Linolschnitt) oder Erhöhungen auf, die sich spiegelverkehrt im Ton abdrücken. Als Material für das Siegel wird Ton, Gips, Holz, Metall, Kunststoff oder Stein verwendet.

Schamotte (Scherbenmehl)
Gebrannter und in verschiedenen Korngrößen vermahlener Ton. Wird fetten Tonmassen als Magerungsmittel beigemischt.

Scherben
Bezeichnung für den gebrannten, aber noch nicht glasierten Ton.

Schlicker
Flüssiger Tonschlamm oder Tonbrei, wirkt verbindend, verklebend und ausgleichend beim An- und Aufsetzen (Angarnieren) von Tonformen miteinander; zum Ausbessern von Rissen vor dem Brand.

Schlickern
Verbindungsstellen der Tonobjekte mit Schlicker bestreichen: Vorbereitung zum Angarnieren von einzelnen Formteilen.

Schmelzpunkt
Temperatur, bei der die jeweilige Glasur ausschmilzt. Siehe auch Sintern.

Schrühbrand
Auch als Rohbrand bezeichnet, der erste Brand nach dem Trocknen des keramischen Gegenstands; er wird vor dem Glasurbrand durchgeführt. Da er bei niedriger Temperatur erfolgt, bleibt die Porosität des Scherbens erhalten und damit die Aufnahmefähigkeit für den Glasurschlamm.

Schwindung
Natürliche Schrumpfung des Tons durch Wasserverlust beim Trocknen und Brennen der keramischen Produkte. Durch Beigabe von Magerungsmitteln reduzierbar.

Segerkegel
Nach Prof. H. Seger benanntes »Kontrollinstrument« zur Temperaturmessung im Ofen. Beobachtet man während des Brandes drei dieser kleinen verschieden geichteten keramischen Kegel, so läßt sich nach deren unterschiedlicher Verformung die Temperatur bestimmen.

Sgraffito
Aus dem Lateinischen (exgraffiare), bedeutet Auskratzen. Zum Beispiel können verschiedenfarbige übereinanderliegende Engobenschichten vor dem Brand stellenweise freigelegt werden, so daß ein mehrfarbiges Dekor entsteht.

Sintern
Vorgang bei Erreichung des Schmelzpunktes einiger Tonbestandteile. Er führt zur anschließenden Verfestigung, Erhärtung und Wasserundurchlässigkeit des Scherbens bei einer Volumenverringerung bis zu etwa 15%.

Stegtechnik
Aufbautechnik, bei der durch ringförmiges Übereinanderlegen von Tonstegen Gefäße und ähnliches geformt werden.

Steingut
Keramik, bestehend aus weißgebranntem, porösem Scherben. Muß glasiert werden, damit er dicht wird.

Steinzeug
Keramische Erzeugnisse mit dichtem Scherben, die zwischen 1180 und 1300° C gebrannt werden.

Stempeltechnik
Verfahren zur Gestaltung reliefartiger Oberflächen unter Verwendung verschiedenster Gegenstände, die in den weichen Ton gedrückt werden.

Terrakotta
Niedrig gebrannte Keramik aus porösem, unglasiertem, meist ziegelrotem Scherben, Brennbereich 800 bis 1000° C.

Ton
Verwitterungsprodukt feldspathaltiger Gesteine, das, mit Wasser angemengt, durch seine plastischen Eigenschaften und die Brennbarkeit für die Herstellung keramischer Produkte geeignet ist.

Überformen
Hilfreiche Formgebungsmethode, bei der Ton(platten) über erhabene Gegenstände gelegt und diese dann abgeformt werden.

Unterglasurfarben
Keramische Farbpulver, die auf den gebrannten und ungebrannten Scherben aufgemalt werden können. Um sie malfähig zu machen und um eine bessere Haftfähigkeit zu erreichen, wird eine Dextrinlösung oder verdünnter Sirup beigemischt. Die Farbpulver erhalten erst durch den anschließenden transparenten Glasurüberzug ihre tatsächliche Farbe.

Verstreichen
Um eine haltbarere Verbindung, zum Beispiel zwischen aneinanderstoßenden Tonplatten, zu erhalten, werden nicht nur die Ansatzstellen aufgerauht und mit Schlicker bestrichen, sondern anschließend noch dünne Tonwülstchen an den Nahtstellen glatt verstrichen. Auch Wülste werden für die Aufbaumethode zu einer glatten Fläche verstrichen.

Wulsttechnik
Aufbaumethode, bei der die Form allmählich durch übereinandergelegte, gleichmäßig ausgerollte Tonstränge entsteht. Zumindest an einer Seite müssen die Wülste anschließend zu einer Fläche verstrichen werden.

Im FALKEN Verlag ist zu diesem Thema außerdem das Buch
»Töpfern ohne Scheibe« (Nr. 971) erschienen.

Informationen über Keramik- und Töpferbedarf erteilt der Fachhandel in Ihrer Nähe oder:

Thomas Wolbring
Postfach 15 26
56196 Höhr-Grenzhausen

Keramikbedarf BSZ
Manderscheidstr. 90
45141 Essen

ISBN 3 8068 0896 1

© 1994 by Falken-Verlag GmbH, 65527 Niedernhausen/Ts.
Die Verwertung der Texte und Bilder, auch auszugsweise, ist ohne Zustimmung
des Verlags urheberrechtswidrig und strafbar. Dies gilt auch für Vervielfältigungen,
Übersetzungen, Mikroverfilmung und für die Verarbeitung mit elektronischen
Systemen.
Titelbild: Photo-Design-Studio Gerhard Burock, Wiesbaden-Naurod
Fotos: Photo-Design-Studio Gerhard Burock, Wiesbaden-Naurod; Toni Anger-
mayer, Holzkirchen (S. 8 oben: Günter Ziesler; unten: Hans Pfletschinger);
Kulturgeschichtliches Bildarchiv Claus & Liselotte Hansmann, Stockdorf
(S. 6 oben, S. 9)
Zeichnungen: Ulrike Hoffmann, Bodenheim
Alle in dem Buch gezeigten Arbeiten (ausgenommen Seite 6 oben und Seite 9)
stammen von Ayca Riedinger.
Die Ratschläge in diesem Buch sind von Autor und Verlag sorgfältig erwogen und
geprüft, dennoch kann eine Garantie nicht übernommen werden. Eine Haftung
des Autors bzw. des Verlags und seiner Beauftragten für Personen-, Sach-
und Vermögensschäden ist ausgeschlossen.
Satz: LibroSatz, Kriftel bei Frankfurt
Druck: Appl, Wemding

02 0869 58 X 8